女儿是
吸收妈妈情绪
长大的

[韩] 朴又兰 / 著　　林侑毅 / 译

民主与建设出版社

· 北京 ·

图书在版编目（CIP）数据

女儿是吸收妈妈情绪长大的 /（韩）朴又兰著；林
侑毅译. -- 北京：民主与建设出版社，2023.5
ISBN 978-7-5139-4244-7

Ⅰ.①女… Ⅱ.①朴… ②林… Ⅲ.①家庭教育
Ⅳ.① G78

中国国家版本馆 CIP 数据核字（2023）第 105912 号

딸은 엄마의 감정을 먹고 자란다
Copyright © 2021 by 박우란 朴又兰
All rights reserved.
Simplified Chinese edition © 2023 Beijing Zito Books Co., Ltd.
This translation rights arranged with UKNOW CONTENTS GROUP Co., Ltd.
Through Linking-Asia International Co., Ltd（连亚国际文化传播公司）
本书译文由悦知文化授权使用

著作权合同登记号：01-2023-3088

女儿是吸收妈妈情绪长大的
NÜ' ER SHI XISHOU MAMA QINGXU ZHANGDA DE

著　　者	[韩]朴又兰
译　　者	林侑毅
责任编辑	郎培培
封面版权	© Uknow Contents Group
出版发行	民主与建设出版社有限责任公司
电　　话	（010）59417747　59419778
社　　址	北京市海淀区西三环中路 10 号望海楼 E 座 7 层
邮　　编	100142
印　　刷	艺堂印刷（天津）有限公司
版　　次	2023 年 5 月第 1 版
印　　次	2023 年 10 月第 1 次印刷
开　　本	880 毫米 × 1230 毫米　1/32
印　　张	8.25
字　　数	130 千字
书　　号	ISBN 978-7-5139-4244-7
定　　价	55.00 元

注：如有印、装质量问题，请与出版社联系。

愧疚的心、委屈的心、感恩的心

——关于女性的情感联结

在心理咨询这条路上，我遇见了无数悲伤与痛苦，都写在这本书里了。写本书的目的，是希望将女性在成长过程中必然面对的所有情感，分享给更多的人，哪怕只是介绍一部分也好。

其中包含了因不被理解而感到孤单、委屈的心；以为是关爱而付出，后来才发现被伤害，因而感到愧疚的心；以及即便如此，仍然对守护在我们身旁的人抱有感恩的心。

本书完成后，我像是再次与在写作期间携手相伴的女性来访者们道别，也如同与她们的父亲与母亲道别。在那段时间，我代替她们的母亲表达歉意，也参与她们的悲伤，如今那段陪她们度过的痛苦时光已经一去不复返了。如果这本书能帮助读者发现自己未曾了解的真实自我，并且获得疗愈，那将是我最大的喜悦。

我生命中的大多数时间都是在咨询室与来访者见面交谈中度过的。每天重复相同的生活，即便如此，我也未曾感到生命无趣，这是因为许多人的故事丰富了这间咨询室。每天沉浸于这些故事中，全身心地投入其中，使我没有多余的精力去关心其他事情。

在咨询室里工作，经常要面对并解决各种误解、扭曲关系造成的伤痛与创伤——可能是他人对自己的误解，或是自己与亲朋好友错综复杂的扭曲关系。同时，这也是帮助世界上所有母亲和女儿梳理内心、与对方和解的过程。

"人类，在本质上无法去爱他人。"

弗洛伊德曾这样说。换言之，人类经营生命的最终目的，是要朝着满足自我的方向前进。一个人付出所有精力的对象，最终仍是自己。即使是在母女关系中，也毫不例外。

我们每天都在烦恼如何放下内心的牵绊，放下原生家庭的印痕，进而勇敢地活出真正的自我。人们要想摆脱这些牵绊，必然会经历无数的悲痛与失去，直至活出真正的自我。

孩子出生后遇见的第一个能满足自己的人，就是母亲；母亲也是他第一段人际关系的起点。孩子渴望母亲，并且跟随母亲的目光认识世界；而母亲对待孩子原始欲望与需求的方式及态度，将会决定孩子未来的模样。由于孩子只能通过母亲来满足自己，所以从这点来看，母亲对孩子有绝对的影响力。

"母性"，便是在这个脉络之下被创造出来的社会观念。**"母亲必须为孩子付出一切"，这种近乎理想的使命与幻想，造成了种种疾病、冲突与痛苦。无法成为理想母亲的自责感与面对外界赋予的过多要求，破坏了许多母亲与孩子之间原本的关系。**

在父权社会中，母亲与女儿似乎拥有较为特殊的心理联系与情感联结。然而，我们必须冷静地看待并接受这个事实：母亲对女儿的情感，并不像世界所宣扬的，或像多数女儿所期待的那样，是无私的爱。唯有如此，我们才能走上与母亲不同的道路，找到属于自己的另一条为人之母的道路。

我们和"母亲"的世界，给予和接受了多少爱？彼此间所付出的情感，是真正的爱吗？当然，爱中必然也包含着怨恨。本书主要探讨的，是关于世上所有母亲和女儿正经历着的互相拉锯的母女关系。并非父亲没有任何影响力或责任，只是本书选择将探讨的议题聚焦于母女关系，这点要先告知读者，并希望大家能理解。

当我决定撰写这本书时，首先浮现的情绪和想法是"担心"。以专家身份来说的话，我能够对此承担多大的责任？然而，我之所以最终能鼓起勇气，是因为女儿一句鼓励的话。她说："现在，是妈妈们也要活出自己的时代。"年幼的女儿给予的鼓励，令我一时哽咽，却也给予我力量投入写作中。我要将满满的爱与感谢，献给愿意忍受忙碌的母亲、等待母亲的女儿。

此外，我也要感谢愿意与我分享自己的烦恼，并且同意将自己的故事写进这本书里的所有人，以及加入读书会的三十、四十以及五十多岁的妈妈们，感谢你们耗费将近两年的岁月，持续陪伴我一起阅读精神分析书籍。对于大家始终没有放弃了解自己生命的精神，我由衷感到敬佩。

更重要的是，我要向正在阅读本书的你——曾经是某人的女儿，现在正是某人的母亲的你，以及身处这个严峻时代的所有女性，表达诚挚的情谊。

写于黎明前的心理诊所"彼岸"

精神分析专家　朴又兰

目录
Contents

CHAPTER 2

我真的是孩子的好母亲吗

——关于母亲的目光

CHAPTER 3

我也想成为母亲疼爱的女儿

——关于母亲的匮乏

CHAPTER 4

放下"为母则强"的偏执，才能有所得

——关于母亲的母性

CHAPTER 5

父亲扮演好父亲，母亲扮演好母亲

——关于母亲的伴侣

CHAPTER **6**

放下母亲的身份，活出自我

——关于母亲的疗愈

CHAPTER 1

女儿吸收妈妈的情绪长大

——关于母亲的情绪

给儿子关爱，
却对女儿处处要求？

母亲喂女婴喝奶的时间，
比起喂男婴喝奶的时间少了约 30%。

　　从社会结构的观点或父权制的观点来看，许多家庭中的女性比男性更倾向于以满足他人的方式来实现自我。女性有时以安排男性（丈夫、孩子）的生活、提供照顾与满足需求等方式来证明自我。然而，这样的照顾并不全然是为了对方。女性的奉献不能被视为单纯的牺牲，而是有其明确的原因。

　　虽然经常能看见女性以满足他人的方式来弥补自身的匮乏，以此证明自己的存在，不过这种方式大多用于儿子身上。她们对待女儿时，却没有一视同仁地采用相同的方式，这是非常矛盾的一点。

我带着女儿见过几次女儿朋友的妈妈，在这个过程中曾目睹过一个有趣的现象。假设大家已经将点心端上餐桌，大多数女孩会自然而然地停下自己手上的事，聚集到餐桌旁，在母亲的身边吃点心，视线全落在母亲身上，但是男孩们却丝毫没有停下他们正在玩的游戏的想法；更令人惊讶的是，母亲们会理所当然地夹起点心，放进儿子的嘴里。

类似的情况不只发生在少数人身上，更是我们生活周遭常见的现象，由此看来，母亲对待女儿和儿子的方式确实存在差异。在聚餐的时候，女孩们以母亲为中心建立关系，而男孩们则更倾向于沉浸在游戏中，也就是更关注自己。

我们不妨再换另一种方式说明。如果女性更倾向于填补男性（丈夫或儿子）的匮乏，而非直接满足自己的需要，那为什么不以相同的方式来满足女儿的匮乏呢？原因在于，**母亲将女儿视为自己的延伸，而儿子和丈夫则是以他人或另一个客体的身份存在。也就是说，女儿之于母亲，是等同于自身的存在，并非以单独的客体存在。**当然，这个情况无法一概而论，不过确实是非常有意思的现象。这样的关系，在日后决定男孩与女孩的心理结构方面，是至关重要的一部分。

女儿从出生开始，就面临着匮乏

弗洛伊德等精神分析学家的研究结果表明，母亲喂女婴喝奶的时间，比起喂男婴喝奶的时间少了约30％。可以说，女孩从出生开始就面临匮乏，这一点儿也不为过。当女孩看见母亲哭泣，经常以为母亲的情绪就是自己的情绪。女儿能够同理母亲的情况，有时会让母亲深受感动，但并非经常如此。

女孩在认知或觉察自己的情绪之前，一般会将母亲的情绪与自己的画上等号，认为那就是自己的感受。换言之，她们将自己带入了母亲的状态中。她们不像男孩那样，能将母亲带入自我更充实的情感状态中；而是在隐藏自我后，不自觉地进入母亲的情绪。许多女性经常像这样将他人的情绪视为自己的情绪，进而试图满足他人，或者以满足他人的方式来满足自己、充实自我。多数女性对他人的情绪或反应相当敏感，却对自己的情况或感受显得迟钝，原因就在于此。

男孩将母亲视为自己的一部分，因此长大成人后，多数人仍将妻子或恋人视为自己的一部分，认为女性的牺牲或奉献是理所当然的。因此，如果家中同时有女儿和儿子，往往是女儿最先觉察母亲的需求，并试图迎合母亲。而母亲也认为这是一种很自然的现象，甚至暗自要求女儿比儿子做出更多的牺牲、放弃与退让。

母亲看待女儿时的情感相当复杂。如果母亲从小曾遭受忽视，就可能将自己儿时的模样投射在女儿身上，用父母对待自己的方式冷落、疏远女儿。**当自己内心的匮乏被女儿发现时，她们一方面会感到不安，另一方面则会想方设法地消除心中的匮乏。**此外，也有一些母亲由于过去的匮乏而过度满足女儿的要求，借此实现自我补偿。这样的母亲未将女儿视为他人，而是当成年幼的自己来对待。

母亲像这样将女儿视为自己的延伸，女儿便容易错失发展真正自我的机会。她们将逐渐无法认清自己的情绪，最终过着在他人的情绪与反应下察言观色的生活。所以身为母亲，必须先努力认清自己的状况、情感、欲望与需求。唯有如此，才能将自己的感受和孩子的感受分开，放下对自己和女儿不必要的罪恶感或责任感。

主动退让的人生

曾有一名来访者叫英芝，她儿时记忆的第一个场景是这样的。

当时还是婴儿的弟弟，正在母亲怀中安睡，只比弟弟大一岁的英芝还是幼儿，但母亲却要求身为女儿的英芝站在弟弟身旁，轻轻抚摸弟弟的耳垂，让弟弟可以舒服地入睡。英芝每次回想起这个场景，总觉得小时候的自己是那样孤单可怜。据说弟弟早上醒来后，耳朵已经被摸得肿起来了。

相较于得到母亲较多照顾的哥哥、弟弟，被忽视的女儿所承受的，可不仅是冷落和孤单。女儿还得全盘接受母亲的情绪垃圾，受到的影响超乎想象。许多女性儿时过着迎合父母的生活，婚后又以相同的方式对待丈夫与儿子，过着主动退让的人生。然而，当她们面对女儿时，却能毫不犹豫地宣泄情绪。换言之，她们利用女儿追随母亲、体谅母亲的心情，尽情地宣泄自己的情绪。

虽然像过去那样强求女儿牺牲或退让，在背后默默支持儿子的情况，在现代社会已经较为少见，但大多数的女儿仍然是母亲宣泄情绪的出口。母亲在女儿成长过程中经常对她说以下这些话：

"没有你，我还能依靠谁？"

"幸好还有你，我才能活下去。"

"我只能靠你了。"

利用这些话，母亲再次将女儿束缚住，让女儿觉得"原来我对妈妈那么重要""原来妈妈少不了我"。这也是多数女儿渴望成为母亲心目中最重要的人，虽然未能达到目的，却仍无法拒绝母亲要求的原因。母亲紧紧抓住女儿的渴望与未被满足的匮乏，不愿放下这个宣泄自己所有抱怨与情绪的渠道。

我们经常听说许多女孩在婚后仍每天和母亲通话，无论儿时或长大成人，她们都希望成为某人心中最重要且不可或缺的人。女儿的心愿，当然是想成为父母心中的第一位，成为绝对无法取代的存在。

未被解决的情绪，一定会再度浮现

女儿比母亲更先觉察到母亲的
情感、需求与欲望。

　　我在接受精神分析治疗的那几个月里，总是忍不住地流泪，不断地重复着"我好委屈"的话。即便那样反复述说自己感到委屈的情感，我也无法理解自己说出的话。因为在我的记忆中，没有发生过任何一个足以让我感到委屈的重大事件。当时为我进行精神分析的医生，并未对此给出任何解释。直到情绪治疗结束后，过了很长一段时间，我才发现自己感到委屈的真相。

　　我的委屈，其实是"孤单"的另一种表现。说到这里，我的脑海中浮现出一个场景：一名年幼的小女孩，独自坐在偏远乡村一座住宅庭院的角落里玩耍。住在奶奶家有一段日子的她，经常在晚霞落入山头的时刻，追赶马路上扬起尘土的公交车。我又想起小女孩号啕大哭，说想见妈妈的场景。对女孩来说，一天就像千年那样漫长。她不想孤单一人的心情，以及本该见到母亲、待在母亲身旁的权利，都未能得到满足。她所感受到的孤单，已经不是单纯的孤单，而是近乎委屈的孤单。

那时生活艰辛的奶奶，硬是拉着哭闹不止的孙女的小手，说要把孙女丢掉。"你再哭的话，就走。"奶奶一边大声呵斥，一边对着公交车挥手。拉扯孙女的那只手腕、嘶吼的声音以及当时的痛苦，至今仍令我记忆犹新。女孩哭着想见妈妈，却换来驱赶与责骂的委屈；认为只要搭上公交车，就能回到母亲身边，却无法上公交车的无力感；无论怎么思念母亲、怎么哭喊，都没有人愿意伸出援手的孤立感；没有任何人理解自己的疏离感——这一切回忆都化为痛哭，不断地宣泄出来。

"我好委屈！"

这是一句承载过去所有痛苦的话语。未被完全解决的情绪记忆，就这样隐藏在我内心的各个角落，直到某天触碰到合适的环境和时机，便再次浮现。

我以前经常将自己孤立起来，孤立对我而言是一种"哀悼"。对于这些潜意识与模糊记忆中的经验与情感，我努力找出类似且适当的环境和事件，一再回想并哀悼。通过这种方式，让过去尚未被彻底解决的情绪重现。

被困在过去的母亲

拥有两个女儿的智允，是一个认真活在当下的平凡母亲，也是一个任职于大企业的尽职的上班族。孩子的父亲，无论是作为丈夫还是父亲，都给予她最大的支持。这对夫妻从年轻的时候就开始抽出部分收入帮助贫困儿童，并积极从事志愿者活动。

智允第一次来到咨询室时，却表现出难以形容的不安。她说，不知道从什么时候、从哪里开始出了差错，总之，自己过得非常不安、痛苦。我花了相当长的时间，对智允进行深度咨询。

智允的大女儿曾身患重病，也动过手术，不过夫妻俩并未意识到大女儿的情况如此严重。更准确地说，他们并未花太多精力在女儿身上。几年之后，二女儿也出现了状况，必须住院接受治疗。二女儿有失聪的问题，几乎无法恢复到原来的听力水平。为了找出疾病的原因，他们将女儿送到大医院检查，但是并未找出明确的病因。最后只能交给时间，期待孩子自然痊愈。

智允非常担心身为母亲的自己做错了什么。她仔细分析自己的担忧，发现相较于担心孩子的病痛无法痊愈而不知如何是好，她更担心如果错在自己，该怎么办？

许多女性，尤其是母亲，在面对孩子生病等问题时，通常不是先关心孩子，而是自己先产生罪恶感，担心是自己的错误造成的。这个罪恶感看似是母亲在自责，但更严格来说，可能是母亲保护自己的方法。无论如何，比起担心孩子的状况，母亲更先担心自己。"会不会是我的错"的不安，"我是不是个坏妈妈"的焦虑，使得她们再次错过重要的时机。在如此关键的时刻，母亲表现出来的态度不是冷静地分析事情与状况，而是向内退缩。比起受病痛折磨的孩子，母亲首先想到的，反而是自己的角色和形象。

在任何人眼中，智允都是模范妈妈，两个女儿也都是活泼开朗的孩子。女儿们在没有父母遗传倾向的情况下生病，自然是一场意外。然而，智允却四处寻求咨询师的帮助，并在发现原因可能是来自自身的匮乏和欲望后，感到十分震惊。这不是在单纯探究亲子关系时发现的，而是在了解智允原生家庭的环境与背景，以及当智允儿时的创伤与匮乏一一浮现出来后，才逐渐清晰的。

"被过去完全控制的人生令人难以忍受，所以必须摆脱。"

——英国精神分析师和作家　达里安·利德

得不到父母关心的人

智允从小生活在哥哥的阴影下，被父母冷落、忽视，却仍努力成为不让父母操心的善良女儿。她在公司是一位深受器重的员工，而且从大学开始，她全心投入帮助贫困儿童的团体中，至今不曾间断。

小时候，智允以为只要努力学习，就能获得父母更多的关心与疼爱，所以拼尽全力取得优异的成绩，却仍只能获得远远不及哥哥的关注。从父母的态度中，她反而看到他们对身为老二且是女儿的自己不抱任何期待，因而从小到大都生活在强烈的疏离感中。自小体弱多病的哥哥则赢得了父母的爱；而智允无论怎么努力，永远得不到父母的关心，她甚至经常有"我一点儿也不觉得痛……"的想法。

孩子经常利用身体的疼痛来获得父母的关心，智允又怎么会感觉不到疼痛呢？或许是因为她认为不让父母操心，就是帮了父母的忙，而帮了父母忙的女儿，自然也会被父母接纳。所以即使感到疼痛，也不会自然地表现出来，儿时的智允内心肯定相当不安。

在那样的环境中，想必当事人智允也不容易觉察，自己是多么强烈地渴望得到父母的关心和关爱。**尽管智允为人正直诚恳，深受他人的信任，但她已经习惯成为一个毫无存在感、安静且不被他人看见的人。这正是智允的人生。**

智允就这样在得不到父母的关心下长大了，然而在她生下两个孩子之后，以及两个孩子生重病时，孩子们却得到了所有人的关心与担忧，得到了无微不至的照顾。而这正是智允从前最渴望得到的独占经验，她内心不禁有一种不曾体验过的奇妙的满足感。过去认为直接向某人索求关爱或关心并不恰当的智允，发现比起自己获得关心，她更期待、渴望孩子独占他人的关心与关爱。换言之，智允从孩子独占他人的关心与关爱中，暗自获得快感。而当她看见同事或职场中的前辈对其他同事的孩子表达关爱时，智允心中就会产生无法按捺的嫉妒。

智允最担心的是变成"不合格的母亲"。然而，这并非担心自己真的变成不合格的母亲，而是"担心自己被当成不合格的母亲"。她在意的是自己的形象。

智允真正的罪恶感源于自己不断被忽视的内在需求，而不是未照顾好孩子使孩子生病。实际上，她并非不合格的母亲，只是她不愿接受这个事实，不愿相信自己。通过在咨询室与智允的长期交流，我发现她是一个既讨人喜欢又可爱的女人，可惜她自己并不知道，不过我最终也没有直说。因为只要当事人没有认识到自己的可爱之处，也就不会相信自己有多讨人喜欢，那么别人的话终究只是不痛不痒的安慰，立刻就会烟消云散。

如何不利用孩子来填补母亲的匮乏

即使潜意识中深藏心理扭曲与创伤，并想借由孩子暗自获得补偿，智允内心深处仍有一个声音："我想解决自己没有意识到的某些问题。"所以她跟随这个声音，来到了我的咨询室。可见她已经鼓起了勇气，想要跳脱曾经紧紧束缚着她的"模范母亲"的形象。

看着智允一方面担忧害怕，一方面又坚强地面对自己的模样，我不禁感到惊讶，也衷心期盼她不要逃避，要坚持下去。若放下心理咨询师的身份，我还是非常喜欢智允的。不过，更重要的是智允并未逃避，而是选择坚持到最后，我只有感谢再感谢。

看着智允，**我终于明白母亲体内同时存在着毒性与母性，一边是想吞噬孩子的毒性，一边则是想保护孩子不被毒性攻击的母性。**

"父母和幼年子女们的潜意识共鸣。"

——法国精神分析学家　凯瑟琳·马特林

女儿比母亲更先觉察到母亲的情感、需求与欲望。在大女儿和小女儿接连罹患重病的过程中所承受的伤害，可以借由母女之间强烈而紧密的心理联结来解决，这个联结是我们难以用言语形容或身体证明的。

法国儿童精神分析学家弗朗索瓦兹·多尔多（Françoise Dolto）曾说："儿童的心理症状、生理症状，是母亲没有说出口的谎言。"她也曾说："孩子明白母亲没有说出口的一

切。" 所以对母亲而言，孩子有时也扮演了填补或补偿母亲内心空缺的角色。

　　母亲很难主动发现并控制自己潜意识的行为，这也是比起向外寻求解决之道，人们更需要不断地努力了解自己内在愿望的原因。我们的内心虽然难免存在微小、邪恶的需求与欲望，却仍有想摆脱这些情感、追求自由的需求和意志。越是压抑和逃避，情感郁结就越深，最后甚至会将这些难以捉摸的情感郁结、责任与过错，归咎于身边的家人。正视、认同并接受自己潜意识的愿望，反倒有助于摆脱这些情感，只是这条路并不好走。人们潜意识中的匮乏与愿望，使得过去的自己无法向外跨出一步，而这正是所谓的"偏执"。

爱是自私的

◇◇◇◇◇◇◇◇◇◇◇◇◇◇◇◇◇◇◇◇◇◇

如果妈妈当初放弃爸爸，
选择我们，让我们互相扶持，
就不会这样抱怨了。

　　一位心理学家曾说："**缺乏母爱的母亲不懂得照顾孩子，却期待孩子多爱自己。**"根据我的临床经验，与其说是缺乏母爱，不如说母亲本身的匮乏感越强烈，就越希望能通过孩子弥补匮乏。当母亲陷入自己的匮乏感时，便无法成为孩子期待的母亲，为孩子提供充足的养分。母亲儿时的匮乏感可能来自真实的体验，也可能与实际体验无关，仅是由儿时主观认定的匮乏逐渐累积形成。

　　无论男女老少，我们内在都有渴望被拥抱的依赖需求。在夫妻关系中，如果双方相处和谐亲密，通过孩子来满足的依赖需求将大幅降低；而无法从配偶身上满足亲密与依赖需求的女性，则会通过最容易亲近的孩子满足此需求。

父亲也经常通过女儿满足从妻子或自己的母亲那里无法满足的依赖需求，不过更多的男性是借助外在方式，比如独自沉迷于游戏。近年来，大人与小孩最容易宣泄依赖需求的方式，正是智能手机。许多人二十四小时手机不离身，以此满足心理上的依赖和亲密需求。

无法放下无能丈夫的原因

尚在成长阶段的幼儿，完全地依赖出生后接触的第一个对象——母亲，暴露出自己的脆弱。儿童期之前，孩子对母亲的依赖与保护需求最为强烈。此时，如果父母的照顾不够周全，或者实际上虽有照顾，但孩子却依然感到匮乏，那么这个未被满足的依赖需求，将在孩子长大后以不同的形式被延续下来。**就像孩子愿意为照顾自己的人而放弃自己，服从对方，多数女性也不惜奉献并牺牲自己，只愿找到能保护自己的人。**孩子们认为受到保护等于被爱，女性则认为给予保护等于付出爱。

　　其实在众多母亲之中，有不少人选择和无能的丈夫度过一生（尽管她们实际生活能力强，也有足够的能力保护自己），她们因为对心理上的依赖、照顾与保护有所需求、期待与忧虑，而不惜为此付出巨大的牺牲。无论付出多大的代价，只是为了不被抛弃，这样反而消耗了自己的生命。

　　然而，母亲在付出巨大代价所维系的家庭生活中，真的没有被抛弃吗？紧抓着家庭表面的躯壳和形象，能说服自己没有被抛弃吗？不知道有多少夫妻已经过着貌合神离的生活，只是无法放弃家庭这个象征性的假象，才以顾虑孩子的名义回避彼此的问题？最令人绝望的是，一些母亲将这个牺牲美其名曰为顾虑孩子的感受，而将责任和代价转嫁到孩子身上。

　　许多从小看着母亲因父亲而受苦的女儿，在咨询室里总是这么说：

　　"如果妈妈当初放弃爸爸，选择我们，让我们互相扶持，就不会这样抱怨了。"

　　从母亲的立场来看，这是一句非常残酷的话。因为这句话，等于要求母亲只为子女而活。即便如此，如果女性以为守护了家庭这个躯壳，就能安慰自己已经尽了作为母亲的责任，恐怕也有些牵强。因为母亲很容易忽略子女在这个环境中，会经历怎样的心理疏离与存在疏离。

其实，如果子女和父母建立安全的关系，那么正如我们所说的，孩子无论面临哪种破坏性的情况，都能良好地适应并坚持下去。被称为儿童精神分析大师，也是医学专家的唐纳德·温尼科特（Donald Winnicott）说道：

"在婚姻生活出现困难时，孩子们只能被迫适应家庭的破裂。即使是父母不得不离婚和再婚的情况，孩子也知道有时必须成全大人的分离。"

——英国精神分析学家　唐纳德·温尼科特

这正是母亲不该以顾虑孩子为借口，逃避自己感到害怕、想要回避现实的原因。

牺牲型母亲的掌控

依赖需求，是试图维持快乐且近乎冲动的固执。依赖性强的母亲，大多将自己放在受害者或弱者的位置上。然而有趣的是，依赖需求的另一面则是支配需求。"我的需求必须由别人来满足，所以我会变得不幸也是别人的错。"

她们过度依赖丈夫，而当丈夫不肯给予她们所期待的，或者不能满足她们所要的，她们就会因为无法获得满足，转而将这个期望或要求转嫁到孩子身上。**母亲们不是不努力承担责任，而是认为自己不具备承担责任的力量和资源，害怕做出任何决定或选择。**其实原因不只在于她们所理解的自身软弱和脆弱，更是因为她们面对自己的问题，思考该做出哪种选择和决定，并为此负责的过程，是如此孤单。这是无法和任何人共同完成的事。

依赖性强的母亲并不一定懒惰，她们比任何人都努力生活，只是她们将所有精力和目光都朝向外界。她们不停地向外寻找原因，单方面地为解决问题付出努力。像这样将自己交给配偶或身边的家人、外部资源，自然是更安全、简便的方法。**她们看似将生命的一切交给配偶或权威者，让出主导权给他们，但其实是间接的支配与掌控。**当然，选择依赖他人以谋求方便，是以身体上的牺牲与奉献为代价的。这种牺牲与奉献将自己定位为对方不可或缺的角色，促使权威者保护自己。

然而，如果牺牲、忍耐、奉献，换来的只是匮乏和挫折，当事人内心必定充满愤怒与怨恨。与控制欲强的丈夫生活在一起的某些母亲，一边对生活感到厌倦，经常抱怨自己是受害者而痛苦，却又一边试图维持这样的控制，甚至还有人乐在其中。当听到有人这么说，我感到十分惊讶：

"我的丈夫真的是为所欲为，控制欲又很强，烦死了。但是这种比较强势的另一半，好像还是我需要的。"

女性为了依赖而牺牲奉献，最终目的在于得到她们期待的被保护感。虽然女性的确需要基本的保护，但也不是想象中的那样，得不到他人保护或无法依赖某人，就会立刻崩溃。然而，有些人为了维系依赖的关系，甚至凭空想象出不切实际的不安。

我在咨询室曾遇过依赖性较强的女性来访者，她们大多表现出用心倾听、顺从的态度，但她们最终仍不愿主动解决自己生命的课题，也不想表现出隐藏在内心深处根深蒂固寻求方便的心理。但是只通过身体上的牺牲和奉献，无法解决生命中的许多课题。我也曾经听过这样的话：

"花十个小时种田，比与孩子进行眼神交流和玩一个小时要容易得多。"

在生理上不惜体力劳动，在精神上却一再忍耐退让的母亲，有时也会向长大的女儿要求做出同样的牺牲，或是以过高的期待压得子女喘不过气来。反之，当母亲不愿意关心子女，只专注在自己的生活上，女儿将无法放下没有被母亲满足的依赖需求，即使长大成人，仍然会围绕着父母打转。

对孩子的爱，其实是母亲的私心

孩子给予父母安慰的力量，是无人能比的。深夜结束工作回到家，无论丈夫怎么安抚，都没有多大的效果；但是，只要在女儿身边躺下，所有疲惫立即一扫而空。只是一旦沉浸于孩子带来的甜蜜抚慰，夫妻关系也可能就此渐行渐远。

曾有一位学长向我抱怨，说自从生下二胎后，夫妻之间就没有同房过，因为妻子整天只想抱着孩子入睡。虽然妻子嘴上说是孩子不想和妈妈分开，其实他能感觉到，是妻子自己不想和孩子分开。如此亲密的母子关系，当然谁也无法干涉。而在这样的亲密和依赖关系下，生命主导权受到控制的一方自然是孩子。

有的女儿，可以违背和朋友的约定，面对母亲的要求却无法拒绝。女儿借由母亲满足自己被人需要的欲望，同时母亲也是女儿渴望的对象，女儿对母亲的依赖由此形成。换言之，双方形成互利共生的关系。

当母亲对女儿的依赖程度，达到无法接受女儿心理上的分离或独立时，这种依赖虽然暴露了母亲的懦弱，但也让母亲成为孩子眼中具有威胁性的恐惧来源。唐纳德·温尼科特曾说："绝对依赖的关系之所以建立失败，原因在于不论男女，皆对于能决定自身命运的女性感到恐惧。"意思是，当婴幼儿在母子关系中，无法对绝对的依赖抱持信任时，将会产生"母亲"（决定自身命运的女性）随时可能抛弃自己或威胁自己的恐惧。只要母亲没有找到令自己感到不安与渴望依赖的真正原因，而继续处在情绪不稳的状态下，孩子便可能对女性产生根本的恐惧与敌视。

如果母亲的依赖与不安未能得到解决，又无法从年幼的子女身上获得自己渴望的爱时，她也可能因为承受不了这一切而出现情感报复的行为。在母亲的情感报复面前，孩子最终只能放弃自己。因为对孩子而言，母亲不是自己可以选择的对象。

母亲是孩子生命中
最特别的存在

许多母亲认为必须掌握孩子的一切，才能给予保护。
但真的要掌握一切，才能帮助孩子吗？

"孩子最不安的时刻，
就是母亲站在身后的时刻。"

——法国作家和精神分析学家　雅克·拉康

　　在智力发展尚未健全的孩子眼中，母亲不是真正的母亲，而是他们通过想象建构出来的形象。在孩子的想象中，母亲有时接近全能的神，有时是极其残忍、恐怖又冷酷的黑暗形象。母亲在孩子心目中是绝对的存在，然而这与母亲的实际形象毫无关联。孩子的梦中偶尔会出现可怕的母亲，她们以老鼠、虫子、魔鬼的模样出现，威胁着孩子的安全。这些都源自孩子想象中的不安，而触发这种不安的正是母亲，也是女性形象中的阴暗面。

荣格在分析心理学中提到女性的阴暗面，认为其中存在着"暗中的掌控与吞噬"。我们经常以象征手法将母亲比喻为大地，大地以其肥沃滋养人类。然而，当大地贫瘠干涸时，必然会出现龟裂，而这些裂痕也可能颠覆一切，吞噬万物。所有人与生俱来都对"绝对存在者——母亲"感到不安。对孩子而言，母亲本身就是一个难以理解的对象。

"犯了错会不会被妈妈抛弃？被妈妈赶出去？"这是人类早期最原始的不安，有时也直接激发孩子产生"妈妈可能会伤害我"的被害妄想。我们经常看见孩子为了克服这样的妄想，而出现各种暂时性的强迫症。例如，举行睡前仪式或做出某种特定的重复性动作。**当父母尤其是母亲的教养方式过于严格或禁止过多时，孩子便会将母亲想象成具有威胁性且可怕的角色。**

在日常生活中，许多母亲认为必须掌握孩子的一切，才能给予保护，也对此坚信不疑。但真的要掌握一切，才能帮助孩子吗？不是的。我们有必要好好检讨自己想要了解一切、掌控一切的欲望。其实在孩子面对父母，尤其是母亲的态度中，混杂着各种复杂的情绪，其中包含了渴望亲密与依赖、理想形象与恐惧，以及从恐惧中衍生出的攻击性。

母亲也可能给孩子带来恐惧

很久以前，我曾经走过一趟丝绸之路，虽然当时的起心动念很突然，不过我一直很想亲眼看看沙漠，也曾想过自己若真正见到沙漠之后，内心会是多么激动。然而，当我第一次看见沙漠的真实模样时，内心更多的是恐惧，而非感叹于大自然之美。庄严壮阔的岩山、干涸龟裂的地平线、夜幕低垂的天空与星辰给人一种压迫感——对于孩子来说，母亲正是这样的存在。在脆弱的人面前，母亲既是渴望的对象、关爱的对象，也是带来极端恐惧的对象。

当我们只观看星辰时，能尽情地欣赏星光美丽与变化万千的模样。但面对没有危害，也没有任何人为影响的大自然时，看着远处的星辰，人们却只感到无尽的恐惧，就像是要被前所未见的巨大怪物生吞一般。母亲也是如此。

当孩子无法看清楚母亲站在自己身后的模样，此时的母亲就像一个令人畏惧且有压迫感的存在，会激发孩子对于不安与恐惧的想象。其实母亲站在身后的感觉，只是孩子主观上的感受（犹如我面对大自然时的感受），他们猜不透母亲是怎么想的，又是如何看待自己的（犹如我猜不透大自然一样）。

当然，我所感受到的恐惧是原始的、与生俱来的，是与"存在"有关的。我们之所以能真正意识到自己的存在，是因为我们的父母愿意放弃自己，映照出我们的模样，并且拥抱与接受我们。至于我所感受到的压迫，则是在面对大自然的壮阔时，担心自己渺小的存在可能会就此消失的恐惧。当父母的存在过于强烈且具有压迫感时，孩子就会像我一样感受到恐惧。

父母应该将孩子抱在怀里，允许孩子开始感受自我的存在并令其发展，哪怕是父母的自我消失。而当孩子日后面对其他威胁，发现自己已足够强大、能与对方势均力敌时，将更有助于进一步塑造自尊心。直到某天，当我们愿意主动放弃这个在成长过程中逐渐成形的存在感，而不是受到他人胁迫才放弃时，这个存在感将会升华为"爱"，进入精神层面。

母亲的语言，建构孩子的内心世界

孩子在成长过程中，通过与母亲的真实接触，内心建构出的对母亲阴暗面的认知与恐惧逐渐稳定，此时扮演决定性角色的，正是母亲的"话语"。在孩子成长早期，感官的快乐与恐惧正逐渐形成，并同时建构成潜意识，究其根本，都与母亲的语言有关。**母亲使用哪些话语回应孩子、表达自我，将决定能否平息孩子的不安情绪，让孩子进入稳定的精神结构。**

母亲可以利用语言与孩子保持适当的距离。适当的规则、挫折与界限，反而能使孩子感到安心。如果孩子过于在意母亲的情绪，且以母亲前后不一的话语建构自我，他将会出现各种心理问题。反之，当母亲以具体清晰的话语表达自身的需求和欲望时，孩子不仅能稳定地认识母亲、接受母亲，也能学会主动拒绝，尝试与母亲保持距离。一旦缺乏这个过程，孩子将丧失自我保护的力量。

语言能赋予人一种安定的力量。孩子在面临成人巨大的情绪压力时会感受到不安，此时母亲的说明、引导与规范等话语，能帮助孩子消除他们想象出来的恐惧。如果母亲感到不耐烦，甚至无法按捺心中怒火而失控向孩子发怒，事后请务必做好修复工作。**修复不是指口头道歉这样的行为，而是说明自己为什么生气，并询问孩子的感受，引导孩子主动说出自己的恐惧。**如此一来，孩子也能在情绪上实现某种程度的安全感与稳定感。

　　我曾几次与青少年朋友交谈，孩子们常说母亲似乎对自己提出某些要求，可是自己真的不知道母亲想要的是什么，因此深感不安、难过与沮丧。其实母亲也不知道自己真正想要的是什么，她们只是丢出一句模糊而又不负责任的话："我只希望你过得更好""我都是为你好，才那样做的"。

母亲的情绪，
决定孩子的未来

母亲若无法控制好自己的焦虑，
作为最亲近的孩子将会付出代价。

　　在长期进行精神分析的过程中，我获得了一个非常有趣的经验。在亚洲国家，许多女儿即使长大成人，婚前仍大多住在父母家里。即使已经独立生活的女儿，在三十岁前也总是被母亲牵着来到我的咨询室。母亲会带女儿来咨询室的原因各种各样，例如重度忧郁、无法适应社会生活、人际关系不和谐、严重的情绪起伏等。

　　当然，咨询费也大多由母亲支付，所以母亲们总是期待听到女儿心理状况的报告。她们借着协助咨询的理由，随时联系咨询师，想了解孩子的状况。看似理所当然，实则不然。她们有时会直接要求咨询师将孩子引导至自己期待的方向；有时表面绕着圈子说话，却又暗地里要求事情往自己希望的方向发展。**严格来说，这也是一种经济权力的展现，经济大权掌握在母亲手里，所以任何事情都必须由她们发号施令。**

在精神分析的过程中，随着情感上的压抑逐渐释放，各种症状也开始一一浮现。此时，来访者可能表现出过去不曾有过的反抗与情绪，让家人感到十分错愕。

甚至母亲与女儿一起来到咨询室的第一天，就可能发生这类不舒服的情况。虽然我总会事先强调这需要一个过程，请耐心等待与坚持，但当真正目睹状况发生时，不少母亲仍会感到不安而立刻打电话或闯进咨询室里。她们虽然说愿意接受事实，实际上却仍未做好准备去面对自己不曾想象过的女儿陌生的模样。身为咨询师的我，虽然无法直接消除母亲的不安，却仍必须倾听她们的故事，尽可能地帮她们解决困惑。

在经历过这些较为普遍的现象之后，我发现了一个事实：**当女儿遭遇心理上或社交上的困难时，母亲当然希望这些问题能得到解决，但前提是必须在母亲不会感到不舒服的范围内。**换言之，母亲只希望女儿改变到自己期待的方式和程度为止。但是，这算是改变吗？

　　站在女儿的立场，这不过是要求女儿改掉让母亲不舒服的问题而已。若是真正彻底进行精神分析，帮助女儿活出自我，或者顺利完成咨询，女儿最终找回自己的人生，并且向理想的人生大步迈进，想必许多母亲会感到非常不安。其实这只是女儿在构建自我的过程中必经的阶段，而不是抛下母亲一走了之。然而，鲜有母亲愿意接受这个事实。

　　爱也好，恨也罢，事实是女儿和母亲在情感与情绪上的联结特别紧密。所以，有不少母亲最后试着从现实中寻找原因，提出看似合理的借口，企图结束女儿的心理精神分析，甚至直接中断女儿的咨询。为了女儿，母亲寻求咨询师的协助，却又成为女儿咨询过程中最大的阻碍，这个现象颇耐人寻味。如此看来，母亲委托专业人士对女儿进行心理治疗，大多不是为了女儿的改变，真正目的是要解决母亲本身的焦虑。

母亲的不安会传递给孩子

　　许久前，我看了一部电影《美丽人生》，深受感动。电影描述了一位被关在纳粹集中营的父亲，努力将集中营打造成游乐园，不让孩子感到恐惧的故事。这部电影令人心痛而落泪，却也让我不时因主角的幽默风趣而捧腹大笑。我依然记得自己在又哭又笑的同时，内心掺杂着感动与悲痛的情绪。在惨无人道的集中营里，孩子开心地玩着捉迷藏，丝毫不害怕的模样令人印象深刻。

一位父亲能够将集中营打造成游乐园，最重要的原因在于——他已经完全接受自己被关入集中营的事实。如果连父母都无法接受自身的处境，那么不管他们如何美化集中营的环境，努力说服孩子，也无法消除孩子心中的不安。因此，父母不逃避自己身处的任何情况或状态，积极接受现实的态度，才是最重要的。

弗洛伊德的小女儿安娜·弗洛伊德（Anna Freud）也曾说过，在伦敦大轰炸期间，母亲如何向孩子说明状况，将会决定孩子是否感到不安。据她观察，在伦敦大轰炸结束后，有些孩子因为恐惧而夜不成眠，也有些孩子顺利克服战争的阴影，继续开心地玩耍。

最重要的是母亲照顾孩子的态度。母亲不安，孩子也会感到不安，甚至孩子们因不安而受到的冲击会比母亲更加强烈。所以母亲必须了解自身的不安，并妥善控制不安

的情绪。尤其是母亲以什么样的态度接受不安、面对不安，将会成为决定孩子精神状态稳定与否的重要因素。但请不要误会，这并不是要大家逃避现实，为孩子植入过于美好的幻想，而是希望母亲先正视和接受目前发生的情况与现实，然后无所畏惧、坚定不移地牵起孩子的手。

所谓"抛弃女儿的母亲"

人们所感受到的不安，大多是想象出来的，而非真实的不安。假设有位母亲担心孩子上下学途中会发生意外，整天坐立难安，那么这位母亲的首要任务当然是先确认孩子上学的路线是否安全。如果实际上非常安全，而这位母亲依然陷入深深的不安中，那么就有必要怀疑这位母亲在育儿的过程中，是否曾因为过度劳累而出现抛弃孩子的念头；或者是否曾将被压抑的攻击性，发泄在其他错误的地方。同样，担心父母有三长两短而感到焦虑的子女，首先应考量父母的实际年龄与现阶段的健康状态等因素，如果父母的身体状况处于该年龄段可接受的范围内，而自己却仍然感到焦虑，就可以怀疑是否有其他问题。

我们所感受到的想象中的不安，其实大多源自儿时经历过的感受。对于幼儿阶段的孩子而言，最重要的人生课题是"我是不是妈妈最珍惜的人"。当前最重要的对象——母亲是否珍惜我，或者是不是想抛弃我、伤害我，这些都是孩子与生俱来的问题，也是心中不断出现的问题。

在达里安·利德的著作《人为什么会生病？》（*Why Do People Get Ill?*）中，可以读到心理学家乔伊斯·麦克杜格尔（Joyce McDougall）对母子关系提出的一个有趣解释。我们经常看到病榻上的人丧失与病魔对抗的意志力，最终放弃生命。对此，乔伊斯·麦克杜格尔解释为："病人放弃与入侵自己身体，进而控制自己、残害自己的潜意识进行对抗"，是因为病人"将潜意识形象等同于对母亲的认同"；"当孩子们遭遇威胁时，会本能地试图抵抗或报复。但是选择放弃的人，就像臣服于母亲一样，遁入母亲的世界中。他们已经对母亲感到厌倦，无法再爱或抵抗母亲，只能隐藏在母亲的身后"。

当母亲无论在现实生活中或在心理上都已经疲惫不堪，因而不断向外宣泄自己的情绪时，承受这些负面情感并堆积在心里的人，自然是孩子。尤其女儿更是如此。

身为名校大学生的贞秀，时常将这句话挂在嘴上："我真想重新回到妈妈的子宫里。"被无力感与忧郁折磨的她，面对母亲干涉自己人生的怨恨和生命的痛苦，已经放弃了逃出或离开情绪海洋，并表现出退化的状态。但是贞秀的母亲从未意识到，自己过去未能解决的各种情绪已转嫁到女儿的身上，她以为自己和女儿是相互扶持，才勉强度过年轻时那段艰难的岁月。直到她告诉女儿，"现在我们过得还算不错，你也去过属于自己的人生吧"，才发现女儿无意脱离自己的保护伞，并不禁感到些许不安。

但矛盾的是，当女儿经过自我心理分析后，稍稍逃离了母亲的情感海洋，开始抵抗母亲、保护自己时，母亲内心又再次浮现想要束缚女儿的欲望。之前只待在家里的女儿，现在好不容易找到了工作，正准备踏进外面的世界时，过去责备女儿整天游手好闲的母亲，却微妙地改变了自己的说法："不赚很多钱也没关系，别太辛苦了。"这句话表面看似为女儿着想，其实真正的意图是希望女儿维持现状就好。

正视自己的情绪，就能得到治愈

写到这里，我不禁责怪自己是否将母亲描写得过于

"邪恶"了，所以我也想替母亲们说些公道话。其实这些案例，都是我们内心深处没有被意识到的焦虑感造成的。并非所有母亲都将女儿当作情绪垃圾桶，或是以自己的枷锁束缚女儿。**但身为母亲，如果不能彻底地认识自己的焦虑，或者无法好好控制，那么与我们最亲近的孩子将为此付出代价。**

一位精神分析学家曾说："如果真心为接受治疗的人着想，就应该选择真相，而不是安宁。"尽管揭露真相可能带来威胁与痛苦，但当真相被揭开，往往没什么大不了的，即便我们带着巨大的恐惧面对真相，也不免承受巨大的痛苦；然而，越是正视真相、面对真相，无论表面的情绪如何波动，内在的情绪反而越趋于稳定，终将能使表面上的波动平静下来。

母亲抱蛋的欲望

不愿让女儿走向外面的世界，
在母亲的不安与担忧背后，
是母亲想继续享受养育孩子的欲望。

　　我喂女儿母乳的时间，足足长达两年。孩子虽然身体已经长到可以四处跑跳，但仍继续吃奶。也许是因为让孩子尽情吃奶到懂事为止，所以孩子断奶时并没有遇到太大的困难。

　　那时大概花了一周的时间，每到晚餐时间，我就会抱起女儿，告诉她妈妈现在没办法喂奶，以后你不能再吃奶了。而懂事的孩子从某一瞬间起，就自然而然地放弃吃奶了。

　　母亲经常告诉我，她生下我后缺少奶水，非常难过。

幼时的我每到固定时间总吵着要吃奶，就像时钟一样准时。我心想，会不会是我生来就对母亲的状态特别敏锐？不过也可能相反，是我占有母亲的欲望和渴望较为强烈。究竟是母亲的欲望较为强烈，还是母亲与我的联结较为强烈，如今已无从得知。

孩子与母亲的爱，始于这种强烈的联结与融合。通常，孩子必须从这种母子交融的状态中破壳而出，但许多女儿仍停留在这个状态中。之所以停留在这个状态，当然是因为母亲不愿意放下自己怀中的蛋。她们有时诉诸情感，借此逃避放手，不过更大的原因在于母亲无法放弃母子交融时生理上感受到的快乐。

母亲的怀抱令人快乐

我特别执着于喂孩子母乳这件事，是因为对母乳有所匮乏吗？尽管学习了心理学，也做好了为人母亲的准备，这些足以说服自己以平常心看待，不过直到学习了精神分析，我才看清在母子交融中，身为母亲的我所体会到的充实感与满足感。

如果以情感的方式来形容，我会说那或许不是母性，而是试图解决自身匮乏的一种补偿。母亲说过我的体质和她差不多，想当然"奶水也会不够"，不过也许是我对于母乳有强烈的执着，我成功喂母乳长达两年，不管我的体质如何从未间断。

当然，非要喂母乳不可的欲望，无论对孩子或对母亲，都有极大的帮助。这个好处不是单指生物学上母乳的优点，而是多亏了这个欲望，在孩子两岁以前，母亲能一直和孩子维系着亲密的关系。在那段时间，女儿充分地摄取母乳，也享受着母亲。喂母乳的母亲一整天都得消耗身体，身体被破坏的程度非比寻常。而喂配方奶粉的母亲同样也不轻松，除了得冲泡奶粉再喂孩子喝，还得照顾孩子吐奶，清洁相关用品，身体上的疲惫不亚于喂母乳。

我在喂母乳的过程中，有一次身体的感受特别深刻。通常孩子晚上睡到一半，就会醒来找奶喝。那天我们母女俩原本在黑暗中各自熟睡着，孩子忽然醒来，我抬起手臂，方便孩子找到，于是孩子就这么凑上来吸奶。

就在那一刻，我体验到某种与孩子合而为一的奇妙快感与满足。这是孩子和我跟随本能、感官行动的经验，它带给孩子的是对母乳的满足感，带给母亲的则是充实和满足。那是一种无法将身体与精神分离的快感。

后来我才明白，在这个满足感中，存在着对完全融为一体的欲望，而这个快感也是婴儿期的孩子与母亲应该充分享受的。当时的感受如此强烈，至今我仍记忆犹新。对孩子而言，与母亲的身体、乳房紧密相连的瞬间，就进入了游乐场。在那座乐园中，不是只有孩子才能享受，母亲也怀抱着孩子一起畅游其中。然而问题就在于，面对已经长大成人的子女，许多母亲仍不愿放弃将子女抱在怀中的快乐。

"啐啄同时"带来的启发

在雏鸡破壳而出之前，母鸡必须进行长时间孵蛋。时机一到，雏鸡开始啄破蛋壳，而母鸡也同时从外面轻啄蛋壳，方便雏鸡出来，这个行为被称为"啐啄同时"。当蛋壳出现裂缝后，接着就只等雏鸡破壳而出了。母鸡无法将雏鸡直接叼出来，只能等待蛋内挣扎的雏鸡自己出来。如果贸然叼出雏鸡，不但容易让雏鸡受伤，雏鸡也无法自己学会使用肌肉。

而母鸡必须面对的第二个课题，是眼睁睁看着雏鸡自己破壳而出却不能出手相助。第一个课题只是长时间孵化的辛苦，而从现在起，母鸡必须放弃曾经与雏鸟一起享受的满足。换言之，第二个课题正是接受失去。

当母亲潜意识不愿放弃身体记忆的满足与快感时，便可能在情感上拒绝放开孩子。这是不愿接受丢失母性最常见的态度，甚至也有一辈子将蛋紧紧抱在怀中的母亲。**随着孩子逐渐长大，孩子必须接受这样一个事实：自己必须离开母亲的乳房，而母亲也必须放下怀抱中的孩子。然而，在心理上坚持不让孩子进入社会的母亲，竟出乎意料地多。**

这些母亲试图抓住心理上的紧密联结与融合，不愿让女儿走向外面的世界，在母亲的不安与担忧背后，是母亲想继续享受养育孩子的欲望。因此，在心理上无法摆脱与母亲紧密联结的、实际上仍围绕在母亲身旁的女儿们，最终也难以从母亲的"要求"中脱身。

主动放弃心理上的成长的孩子，在长大成人后，即使与另一半结为连理，也依然想回到父亲或母亲的怀抱中，而不是与另一半建立稳定的夫妻关系。他们甚至美其名曰"亲情"，用这个看似正当的理由作为防护。

母亲必须是子女随时能停泊的避风港，这个避风港并不是与母亲的实质关系。**每个孩子的心中，都应该有一处"母亲的怀抱"。想要让母亲的怀抱化为心中的依恋，双方都得经历母鸡啄破鸡蛋时所感受到的失去。**当失去真实发生，而孩子也接受这个匮乏时，他们才能在心中建构出母亲的象征。此时，孩子心中母亲的象征，就是强而有力的形象，能推动孩子展开一段新的爱情，并且进入一段新的关系中。

如果母亲不愿接受这个失去，拒绝放弃欲望，孩子终将无法真正地长大。而心理不强大的孩子，无法完全地活出自己的人生。

"孩子真的离开我也没关系吗？我准备好接受失去了吗？"

现在，该是母亲诚实面对自己的时候了。而此刻的我们，会做出怎样的决定呢？

不让孩子沦为
情绪垃圾桶

随意对他人倾倒情绪垃圾的孩子，
很可能在家就被父母当成情绪垃圾桶。

大约在两个月前，女儿开始上美术补习班。小学六年级以前从未补习过的女儿非常紧张，而且报的是专业课程，气氛并不像才艺班那样轻松。我只能眼睁睁看着女儿因为无法立刻和其他小朋友打成一片而一副灰心丧气的样子。我的女儿较内向，很难主动靠近别人。我能理解女儿的苦楚，于是耐心地倾听她的心声，并鼓励她既然已经开始上课，就暂且先把这次课程上完。不料某天早晨，女儿忽然哭着跟我说不想再去补习班了。

我感觉事有蹊跷，赶紧握着孩子的手坐下，仔细听完事情的原委。这才知道班上有一位女同学说话特别强势，又有号召力，毫不掩饰地当众排挤我的女儿。有一次，所有人围着静物坐成一圈，因为其他小朋友都横放着画板画图，女儿也跟着做，没想到其他小朋友瞬间将画板直立。甚至换座位时，那个女生还小声骂着脏话，对其他同学使眼色。

得知女儿不是因为讨厌美术，而是因为证据确凿的霸凌才想放弃后，我向补习班老师要求确认事实，没想到老师立刻就知道是谁，并说那个孩子有过霸凌其他小朋友的经历。一开始强辩自己没那样做的小女生，最后才说出真话："我只是把压力发泄在其他同学身上而已。"

我的孩子无缘无故受到这样的伤害，她还将我的孩子当成情绪垃圾桶，这让我的愤怒涌上心头。我平时因担心伤害到孩子而在家从不对孩子大声说话，没想到孩子在外竟成了别人的情绪垃圾桶。一想到这里，我恨不得冲到补习班揪住那孩子的衣领。

后来补习班老师要求那个孩子道歉，并且采取强力措施——如果再犯就必须离开——才让这件事告一段落。然而在女儿之前，那个孩子已经一而再、再而三地欺负其他孩子。女儿这次也学到了经验，在受到不当对待后，应该将自己的委屈告诉大人，让大人采取行动。

将负面情绪发泄到他人身上的孩子

对于孩子之间的情感争执或朋友之间的冲突，大人尽可能不要介入，只要陪着孩子一起度过就好，这是我一贯坚持的原则。因为这终究是孩子必须自己克服、经历的问题，学会生存也是孩子必须面对的课题。

但是父母必须尽快分辨出，孩子们之间出现的究竟是单纯的情感问题，还是明目张胆的情绪暴力。**遭受委屈和不当的对待时，女孩们容易因陷入自己是不是被别人讨厌的情绪而变得怯懦、退缩；也会怀疑就算告诉父母，父母是否真的会为了保护自己而出面。**

她们甚至担心如果父母出面，会不会造成更大的争执或冲突。所以孩子经常选择独自承受或退让。

如此一来，孩子们可能会习惯别人对自己的不当对待或轻率态度。而习惯于这个处境，孩子们将再也无法对大人或其他人产生信任，我们称之为"想象中的不安"。想象中的不安不等于现实的不安，不只是孩子，许多大人身上也存在着在自己想象中忍耐着、思考的模式。

女儿说她也在心中这么想过。因为自己最晚上补习班，美术能力不如其他人，"所以就算告诉老师，老师也只会口头警告，不会做出太大反应，老师不会让那个女生离开，那只是增加自己的痛苦而已"。女儿就自己在心里想象着，也没有告诉妈妈实情，独自默默隐忍了好几个星期。

利用我女儿刚到陌生环境、处于弱势地位的困境，而随意倾倒自己情绪垃圾的那个孩子，很可能在家庭中就是父亲或母亲的情绪垃圾桶。孩子渴望父母、仰望父母，所以当父母对自己发泄负面情绪或做出不当行为时，他们便本能地选择忽视自己内心浮现的敌意。这在大人身上也是一样的，他们也想逃避亲人或重要的人对自己造成的负面情绪或敌意，并且将这股无处宣泄的情绪发泄在挑选的对象身上。

无论是什么样的情绪，只要肯认同父母的情绪会影响孩子，就能通过孩子的反应和状态，看见连自己都没有意识到的潜在意图，也能更加敏锐地觉察孩子的状态或反应。但是，心中充满对丈夫的不满与痛苦的母亲，无法快速地意识到自己的情绪已对孩子造成了压力。在认同父母的情绪会影响到孩子，并看清自己的状态后，母亲应该着手解决与丈夫之间的问题。但是，这些母亲往往认为这么做只会让自己更累、更难过，丝毫没有解决问题的念头。

于是，她们转而对孩子发泄情绪，将原因归咎于孩子的错误或问题行为，以此使自己的行为合理化，并寻求孩子的谅解。将夫妻问题或个人问题转移到孩子身上，可以说是解决自己内在负面情绪最快速最便利的方法。虽然类似的提醒一再被强调，但我还是要说，如果父母没有止视自己的情感，并尝试理解与探索自己的内心，那么无论多好的建议，或者按照专家的课程和方法执行，事情也不会发生多大的改变。

用心倾听孩子的心声

或许有人会问，不管我在家里怎么爱护孩子，可如果像上文这样孩子在外面遭到他人的情绪暴力，难道没有更好的对策吗？在如今这个社会，不是只照顾好孩子，所有问题就能迎刃而解的。无缘无故的霸凌不论何时、何地都有可能发生，无论以什么样的形式发生，我们都无法掌握，如果没有"用心倾听"孩子说话，那将更难觉察。其中要特别注意的是，如果父母一开始就对孩子抱有刻板印象或偏见，带着自己固有的思维和经验去倾听，那将更难接收孩子的话语或信号。

对父母而言，厘清事情的来龙去脉，决定是否要介入等，都是非常困难的课题。经常有母亲将自己与孩子视为一体，只要孩子稍有不满，母亲就立刻跑去学校告状。然而，究竟是孩子自己的问题，还是别的孩子有不当行为，了解事实真相的责任在父母身上，而非孩子。**如果父母没有适时介入，或者在不该介入的时候介入，都有可能让孩子失去对父母的信赖，甚至无法相信自己。**

事后，我告诉女儿几点该注意的事项。例如，虽然那个孩子道歉了，但是性格不会轻易改变，若再次遭受不当对待，一定要立刻告诉较为亲近的老师或父母；他们的帮助有限，最终还是要学会保护自己。我们也一起讨论了可以怎么做，才能避免那个孩子继续采取同样的态度，且不让别人也那样随便对待自己。孩子必须学着接受这样的事实：在任何情况下，爸爸妈妈都会保护你，但是有时候你也要懂得保护自己。

这个过程就像和孩子一起越过一座山，看着满脸疲惫的孩子，身为父母的我们同样感到挣扎。父母固然希望孩子在成长过程中不受到任何伤害，但伤害是无可避免的。比起伤害，最重要的是在伤害中了解自己是否能继续信任他人，并且借此培养经得起伤害的坚强内心。**所以我们必须充分聆听孩子的话语，给予孩子真正需要的关心，而不是我们自以为的关心。**

在那次事件后，女儿的态度变得坚定许多，与过去截然不同。她是这样告诉我的：

"妈妈，我不知道为什么以前那么在意别人。现在回想起来，其实也没什么了不起。真的好神奇！"

父母要不断地自我审视

随着时代的改变，社会发展日新月异。各种信息不断涌现，已经难以细数究竟有多少专业知识和实用信息展现在我们面前。即便如此，仍有许多父母甚至没有意识到要衡量自我状态、深入剖析自我，仍只凭育儿书籍教养子女。

许多人并未具体了解自己在什么时候会感觉疲惫，什么时候内心感到富足。在这种状态下，如果专家的建议没有达到预期的效果，他们便容易感到慌张，不知如何是好。如果父母连自己的状态都无法掌控，自然也容易忽略孩子话语背后的需求，而自身需求被父母忽视的孩子，将无法深入理解自己究竟需要什么，最终将陷入恶性循环。一旦无法认清自己的状态，就需要保持觉察的态度，不断地反问自己：

"这是什么情绪呢？我为什么会这么生气？为什么我对孩子说的话、做的事，会和我的初衷完全相反呢？"

大家必须不断地扪心自问，并且试着停下脚步，反思自己是否将原本该反问自己的问题，丢给了孩子或另一半，并且要求他们为你找出问题的答案。

CHAPTER

2

我真的是
孩子的好母亲吗

——关于母亲的目光

母亲只要过好自己的人生就行了

对母亲而言，为家人牺牲并不重要，
更重要的是
有多么真心地渴望投入自己的人生。

　　某天，一名女高中生来到我的咨询室，说自己好像无法再这样生活下去了，一定要接受咨询。她说，她对事物充满热情，想努力做好每一件事，却总是办不到，觉得自己好累。她心情烦闷又感到不安，无法再忍受这样的生活了。她感觉眼前好像有一条无论如何都跨越不了的线，可是连那条线是什么都不知道；想要努力追求卓越的表现，但总是不尽如人意。直到现在，我仍记得她不知该如何是好、痛苦挣扎的模样。

这名女学生之所以如此痛苦，原因在于母亲的态度。明明家里没有给她什么压力，也没有逼迫她做任何事，大多让她自由发挥，可为什么她会感到郁闷，几乎喘不过气呢？女学生的母亲有着这样的特质：**看似开诚布公地表现一切，实则多是含糊其词。所谓的含糊其词，就是不愿明确表达自己的需求与欲望。**女学生从母亲身上感受不到一丝真诚，原因在于母亲说话的方式。例如："你真的想做那件事吗？要是你那么做就好了。""你想要的话就去做吧！可是你真的想清楚了吗？"

某天孩子这么问母亲：

"妈妈你到底对我有什么期待？说清楚！"

母亲回答：

"我只是希望你过得更好，就这样。"

还有比这更模糊的表达方式吗？"希望孩子过得更好"这句话的意思非常笼统。是"希望你考上某个大学"，还是"只要跟别人一样就好"？究竟该怎么做，又该达到什么样的程度，这让孩子完全没有头绪。这不过是其中一个小小的例子。在现实生活中，她的母亲大多以这样模糊不清的方式回应，令孩子困惑不已。静静听完女学生的故事后，我反问她：

"你母亲知道自己想要的是什么吗？"

孩子陷入一阵沉默：

"嗯，我觉得妈妈自己也不知道……"

女儿盲目地追逐着母亲自己也不知道的欲望，当然会觉得郁闷、喘不过气。一切是那么虚无缥缈。明明自己正在为了什么而努力着，却又不知道目标为何，还不得不继续，女学生就这样活在母亲这般模糊的要求下。

并非母亲一定要明确告诉女儿自己的欲望和标准，而是母亲连自己想追求什么都不清楚，却不断要求女儿，这才是最大的问题。母亲的欲望必须自己追求才行，然而母亲并不清楚自己渴望的是什么，却要求女儿去实现自己的渴望，这么做可能会给孩子造成心理上的伤害。

厘清父母的欲望与孩子的欲望

接下来，我们来看看相反的案例。一名学生在一位声望极高的老师门下求学，某天决定离开。这位老师是该领域颇具权威的学者，也是极度自恋型的人。拜师学习期间，这名学生深受一个问题困扰："我现在所说的话，真的是我想要说的吗？"因为他发现自己每次站在老师面前，总是下意识地寻找老师可能想要的答案，却无法自由说出自己心中单纯浮现的想法与疑问。

他甚至曾经走到老师面前，告诉老师："我的力量有限。如果由老师来做的话，结果肯定不一样。"这句话满足了老师潜意识中的欲望，满足了老师"我就是这样与众不同"的自恋心理，但他立刻惊觉说出这句话的自己是如此陌生。他一时语塞，赶紧闭上嘴，却也引发了他日后总是刻意回避老师的心理。

在这个案例中，虽然学生在自我意识中表现出顺从老师的行为，但在潜意识里，却没有合适的出口来宣泄对于不合理的抵抗，于是转而以心理症状表现出来。老师沉溺于"只有自己与众不同"的欲望中，而这名学生则让自己去扮演迎合欲望的角色，最后成为否定自我的人。

从小通过顺从父母欲望来追求个人欲望的我们，最终也将自己变成了顺应他人（例如向往的人、喜欢的人、权威者）欲望的人。与此同时，我们也经历了无以名状的内在冲突与挫折、混乱、疏离，承受着心理上的痛苦。正因为我们追求的不是自己真正的欲望，所以会遭遇痛苦与混乱。在婴幼儿时期，当我们想成为母亲的唯一时，便会出现这样的现象。人类本是追求他人欲望的存在，在家庭中掌握权力、头脑灵活的人，自然知道如何利用向往自己的子女或兄弟姐妹。

正如拉康所说："人的欲望是他者的欲望。"无论如何，为了追求、实现自己的欲望，我们必须在心中厘清自己的欲望与他人的欲望，以更健康的方式将两者区分开。

母亲的态度，决定孩子的一生

对母亲而言，除了为家人牺牲奉献之外，最重要的是要真心地渴望投入自己的人生。如果母亲不能真正认识自己的生命，哀悼并接受过去，进而实现自我，那么孩子也将难以抱持热忱去追寻自己真正的欲望，而是永远被困在既定的生命里，甚至在追寻或跟随他人生命的过程中迷失方向。因为这些孩子想要追求的是母亲目光所及的欲望，进而渴望成为母亲追求的目标。

身为母亲的我们，不必再向外寻找原因、怪罪他人，因为这些都毫无意义。将子女当成实现自己欲望的对象更是危险。母亲必须全心投入自己的生命中，对自己的生命满怀期盼。不过，这并非要母亲们学习自我开发，培养能力；而是要母亲们先思考自己追求的生命方向，然后不断审视自己是什么样的人，并且不断学习。

任何一种学习都可以，只要锁定目标，持之以恒、不厌其烦地坚持下去，最终一定会在某个时刻有所成就。如此一来，我们将会发掘、创造出一条专门属于自己的道路，而不只是旁人或专家所给予的建议。犹如环环相扣的铁链一样，我们所追寻的道路，又将为我们开启另一条新的道路。**母亲不必给孩子答案，只要好好经营自己的人生，日后孩子们必将能体会母亲对待生命的态度。**

母亲的关注
对孩子来说有多重要

他人的目光，即我们
从他人眼中看见自己的目光。

许多专家说："请摆脱他人的目光。"难道是有人不想摆脱，才继续这样活着的吗？而且究竟是要人们摆脱什么，又怎么摆脱呢？真令人感到困惑。无论我们如何努力不去在意他人，即使在短期内会有效果，但最终仍会发现自己又回到原点，在意他人的目光。

其实，他人的目光，即我们从他人眼中看见自己的目光。严格来说，就是自己的目光投射在他人身上。我们无法知道别人如何看待自己，反而是从自己的角度出发——"担心被那样看待"的成分更大。在他人的眼中，反映着我们个人的标准、判断、价值、偏见与刻板印象。

假设有人正一边独自在餐厅吃饭，一边在意着周遭的目光。让我们先想想自己对独自吃饭的人有什么样的看法：是看起来可怜，感觉没有朋友？还是旁人似乎也在对他指指点点？这些想法所反映的，都是我们内在的思维。更准确地说，困住我们的其实是我们自己的思维，而不是他人的目光。

当然，社会或文化上潜在的刻板印象、价值与偏见确实存在，只有极少数人不受这些潜在因素的影响。如果说"这个世界就是这样，其他人也都是如此，所以我也没办法"，这确实是非常方便的借口，因为如此一来，就不必深入关注自己的内在，只要从外在寻找原因即可。不过，我们仍有必要对自己的目光持怀疑的态度，尽管这个做法会令我们感到些许不安。

母亲的目光是一面镜子

我们的目光是如何形成、建构的呢？人类的目光并非与生俱来。根据拉康的镜像阶段理论，六至十八个月的婴幼儿开始认知到镜子中映照出的自己，并因此欢呼雀跃。

　　这个反应代表了孩子最初与镜子这个媒介的互动，也就是"与他人的沟通"。这面镜子也可以是母亲的眼神，亦即主要养育者的目光。孩子必须通过母亲的目光，才能关注自我。孩子的自我并非与生俱来，他们的目光也是通过反映外在的目光而建构形成的。当母亲与孩子一起看着镜子，母亲以肢体动作或表情等方式指出孩子、认同孩子的存在，孩子就能产生安定感与信赖感。

　　唐纳德·温尼科特也提出过类似的主张："目光专注在孩子身上，与孩子建立亲密联结的母亲，表情如实反映着对孩子的情感与状态，因此孩子能通过母亲的表情认识自己。"换言之，**母亲的目光是一面镜子。当母亲完全沉浸在自己的世界，或是心不在焉地望着孩子时，孩子无异于被母亲冷落。此时，孩子将会从根本上否定自己，并且其自我状态会因受他人目光的影响而改变。**

　　如果孩子无法从母亲的眼中看见原本的自己，他们将会被疏离感与对自身存在的不安所包围。这样的孩子，对外界的目光或评价过于敏感，无法接受负面的评价或回应，也会对此感到恐惧。究其原因，在于他们缺乏稳定注视自己的目光。

有时我在咨询过程中过于投入，来访者会告诉我说，通过我的面部表情可以看出自己目前的状态如何。尽管他们并不清楚自己的状况，却能从身为咨询师的我的面部表情变化中看出自己的状况。为什么他们明明在谈论着自己的情感与状态，却无法立刻感知或觉察呢？

在我之前与他人合著的《小学生自尊心的力量》一书中，曾提到小学生被母亲发现散布个人裸照的案例。这些小女生因沉迷于网络聊天室，私下发出个人裸照的情况竟出乎意料地多。事件曝光后，有两位母亲的反应截然相反。其中一位痛骂孩子，仿佛世界天崩地裂；而另一位则是先报警，请警察调查是否有成人介入其中，并借此机会重新审视夫妻关系。

第二位母亲的女儿在行为曝光后，哭着说出的第一句话是："我好怕！爸妈会怎么看我？"她在父母眼中一直是讨人喜爱的女儿，如今只是担心"爸妈会不会觉得我令人讨厌""会不会讨厌我""会不会从此不再爱我"，比起行为本身，她更担心这个行为会让别人议论自己，人们会因为这个行为接受自己，还是排斥自己。这些忧虑显示了她内心最原始的不安。

经历这次事件后，当孩子看见父母不计前嫌，依旧疼爱自己、关爱自己时，她便可摆脱外界的目光，获得安定感与信任感。**这位母亲一方面态度坚定地告诫孩子什么事情不该做，另一方面仍真诚地与孩子对话，更对自己让孩子感到孤单、没能照顾好孩子的疏忽表达歉意。**她告诉孩子，这件事的责任完全在父母身上。她先让孩子知道，身为母亲，她愿意为这次事件负起责任，同时告诫孩子，以孩子目前的处境还没有能力保护自己，并具体说明孩子未来应该注意的事项。

我认为这是一个非常聪明的处理方式。孩子即使被责备，也感受不到任何批评。母亲只是客观地告诫孩子这个行为的危险性，并未让孩子的情感受到任何伤害。

不在意外界的目光，才能找到自己

如果没有大人适时的干预与保护，孩子容易被人类最原始的快乐和冲动所支配，想立刻满足自己的情感与欲望。不只是孩子，大人也如此。有时我们没有意识到那样的状态，不断追逐外界看待自己的目光，因而容易陷入悲伤和不幸。

为了摆脱他人的目光，我们必须先厘清自己的目光中是否混杂着他人的评价、价值与判断。我们不必通过其他人来面对自己，只需专注于自己身上。当我们利用这样的过程认识自己、看清自己，进而相信自己，自然不会被他人的目光所束缚。如果看不见这样的自己，那么任何解决办法和处方都是毫无意义的。

萨特曾说过："他人即地狱。"但我认为："自己即地狱。"萨特所说的他人，其实在心理学语境中可以理解为"由我目光所投射出的他人"。当我们的意识与潜意识受到各种现象左右时，我们便会以自己所认为的目光与思维框架来理解他人，甚至难以分辨他人与自己的看法，因而心里感到困惑。

所以，人们从内在打量着自己的目光，究竟是谁的目光？唯有将他人视为他人，将自己视为自己时，我们才能真正活出健康的人生。

尽力不让自己过得
比母亲更幸福的女儿

只要认清情绪的存在，我们就能接受
所爱的人最真实的模样。

　　一位三十岁出头的女性，曾来我这里进行了长达一年左右的精神分析咨询。她在公司上班，表面上过着看似幸福美满的生活，内心却很沉重，甚至觉得自己就像身处迷雾之中。她虽然喜欢独自一人，但是独处的时间长了，又感到恐惧；若为了摆脱恐惧而走入人群，却又感到不自在，就这样陷入负面循环。

　　其实我在与她交谈的时候，从未感觉无聊。她总是一边想着"等一下该说什么好呢？没有什么特别的想法，也没什么好说的……"，一边害羞地走进我的咨询室。然而，只要她一开口，就能讲出让人听得津津有味的故事。身为咨询师的我，觉得和她见面非常有趣，但她本人却似乎背负着什么。那模样就像是背负着某种压迫感，勉强自己非得做出什么成果或是展现出快速改变的模样不可。

某天我告诉她：**"没有任何改变也没关系。因为谁也不知道改变会在何时发生，以什么模样出现，所以现在就算没有任何改变，也没关系。**无话可说的时候，保持沉默也很好。没有任何想法又怎样呢？像这样面对面一起坐下来，不也很好吗？就算你觉得没有任何改变，只要我们像这样继续见面，对我来说就是值得感谢的事了。"听完这段话后，她开始哭了起来。

她说不知道自己为什么会哭，只觉得一句"没关系"，像是把她心中某个东西拔了出来。其实她内心总有一股压力，以为进了咨询室，就必须满足咨询师。她时常被某种强烈的内在要求束缚着，总是优先顾虑到对方，这让她无法好好观照自己的状态，直到说出的话再也无法满足对方时，她才决定永远保持沉默，并且将这个模式用于所有的关系与社交生活上。

母亲的控制欲的真面目

长久以来，她深受莫名的罪恶感折磨，将自己置于严厉的控制下。随着对话的深入，她逐渐听见自己内在的声音。她说自从懂事以来，就受到母亲的话语和态度的影响。在身为女儿的她看来，母亲过得相当悲惨，是与父亲无法沟通、孤独生活至今的可怜女人。当她想要做某些事情，或是打算为生活带来改变时，母亲总是回答："这样就好，何必一直去做没有必要的事情？你就乖乖听话，到了年纪嫁人就好。"正因为如此，她在心中暗暗埋下一道严格克制的界线，反正无论她说什么，母亲都只是一味地让她放弃。

尽管母亲立下许多莫名的要求与规范，她依然找到了不错的工作，也交了男朋友。然而，她却深受不知所以的罪恶感折磨，认为世上唯一能与母亲沟通的人只有自己，而这样的自己却似乎背叛了母亲，没有尽到孝心。

在咨询持续数个月后，她才意识到自己一直以来的罪恶感并不是因为不孝，而是因为自己过得比母亲幸福。**这样的幸福是母亲不曾被允许拥有的，也是母亲从不敢奢望的美好状态。**随着一点点拓展自己的人生，她也渐渐开始活出自己，但她内在的罪恶感反而越来越大。直到被罪恶感压垮，觉得自己再也无法维持正常的人际关系后，她才来到咨询室。

母亲"劝女儿放弃"的行为和"什么事都别做"的告诫，大多出现在女儿不顾母亲反对，大步走进自我生命的时候，以及女儿尝试走出与母亲不同的人生时。尽管她已经自立，也不常与母亲见面，然而存在于她心中的母亲的声音，仍然占据主导地位，左右着她的人生。由于她心中无法分辨清楚母亲的声音与自我逐渐浮现的声音，因而陷入了严重的混淆与矛盾之中。

母亲的声音一再阻止她，使她无法过着比母亲更美好的生活，一旦跨越那条界线，她总会受到罪恶感的折磨。哪怕自己只是做出一个小小的选择，内心也会感到焦躁不安，似乎凡事都得先征求母亲的许可。尽管她已经知道母亲会说出什么话，表现出什么样的态度，但她仍对自己擅自决定感到罪恶。**她以为是因为自己没能成为母亲眼中乖巧的女儿，才会如此痛苦，并将所有过错都归责于自己身上，其实这是她对于自己过得比母亲幸福所产生的罪恶感。**甚至与母亲通话都开始令她感到不安，进而逃避。如果继续发展下去，总有一天她会真的永远离开母亲。

只要觉察，就能消除内心的不安

当她发现母亲没有意识到是自己紧紧抓着女儿，导致女儿无法比母亲不幸的一生过得幸福，竟没有对母亲感到一丝愤怒，反倒觉得如释重负。这是因为她过去对这一切一无所知，仿佛置身迷雾中，只感到茫然与不安。如今随着对母亲的理解更加清晰，也明白自己总是迎合母亲的状态后，她内心的不安就烟消云散了。

被未知的不安所侵袭，最令人恐惧。她说："母亲对我而言是最重要、最珍贵的人，即便她不是一个好母亲，只要我知道她过去是用什么样的态度对待我，我想我就可以接受那样的母亲。" 那是因为她终于学会了如何保护自己，也知道如何警惕与明辨是非。

最后，她成功摆脱了母亲的束缚，甚至接受了软弱的母亲。她说，母亲确实让她感到怨恨、愤怒，但只要从过去施加于自己的压力中释放出来，她就已经获得喘息的机会，并且摆脱心中的罪恶感，每天的生活就像在云间飞翔那般轻盈自在。

当遭受各种情绪困扰时，我们必然感到不安、痛苦。但是即便痛苦降临，只要我们能同时在意识与潜意识的层面理解痛苦，便能欣然接受这些情绪。只要认清情绪的存在，不必非得原谅对方，也能接受所爱的人最真实的模样。所以，最重要的是觉察那些牢牢束缚我们声音的真相，以及他人的真实面目。

自我贬低的女性

有一些女性，明明拥有足够的力量和资源，却让自己的生活陷入极其痛苦、贫困的状况。虽然她们不明白为什么自己的人生会过得如此孤单、痛苦，觉得难过又委屈，不过在仔细听完她们的故事后就会发现，百般阻挠她们发挥自身力量的，其实是她们自己。换言之，痛苦并不是源于事情进展不顺利而被迫陷入难堪的处境，而是她们企图维持或重复事情无法解决的状态，才会如此疲惫不堪。乍看之下，似乎难以理解，不过无论如何，这些现象的背后存在着各种内在动机。

正如前面所说，有些女儿为了不让自己过得比母亲更幸福，便在有意无意间贬低自己的成就或幸福；也有些女性为了不超越毫无谋生能力的丈夫，将自己的能力控制在丈夫的能力之下，选择过艰苦的生活。

尤其是后者的行为，并不是为了鼓励丈夫，而是一种潜意识的作用，认为自己必须比丈夫更软弱，必须处于弱者的位置，丈夫才能保护自己。**她们以为要让自己成为被保护的对象，才能得到他人的爱。**当然，问题也可能在于某些女性的自尊心较低，不过在大多数的情侣或婚姻关系中，这都是为了让对方扮演主导角色，扛起责任与权力，进而使对方为自己负责、保护自己的手段。

所以，当这些女性诉说自己是多么可怜，哭诉自己的辛酸与委屈时，我无法与她们一起哭泣，也没办法对她们的眼泪表示同理心、支持，或是为迎合她们而说出"加油"的安慰。因为阻碍她们的，不是现实情况或另一半，而是她们自己。我所能提出的，只有"她们正以自己的方式热烈地爱着"。这是一个令人遗憾的时刻。

即使不贬低自己，不委曲求全，也可以获得充分的爱。只要懂得爱自己，就能过上心满意足的生活。遗憾的是，她们坚信唯有受到保护，才能感到幸福。这也是因为幸福女性的形象，多少受到传统父权制观念的影响。然而，那不过是少女所宣扬的她们幻想中的爱。我们必须相信，即使没有得到他人或特定对象的保护，女性自己也能拥有令人羡慕的美满生活。

孩子的任何情绪都没有错

当孩子出现负面情绪时，
母亲只要温和地告诉孩子：
"原来你是这样想的啊……"

"这个想法真的太幼稚了。""像笨蛋一样……""我知道不能那么做，但是……"在我们日常使用的话语与隐藏在语言深处的心态中，其实存在着许多评价与判断。这些评价与判断从何而来？回想一下你至今是否有过无论做出什么行为，说出什么样的话，都不会遭到批判，而能立刻被接纳的经验？

在人的一生中，首先要确保的是生命安全。不过，生命安全固然重要，心理安全也不容忽视。请试着回想，你是否有过心理安全的经验？换言之，我想问的是，你是否

有过无论说什么话、做什么事，都不会被任意评价，并且
能被不带有任何成见的态度所接纳的经验？或者，你是否
曾经以这样的态度对待过他人？

我在咨询室曾见过许多来访者，他们在对话中不断地
评论自我，即使在咨询师没有介入的状况下也是如此。我
想问问大家，是否曾放下过家庭或社会施加的各种评价，
单纯地进入一段安全的关系中呢？如果没有，那么这个回
答背后潜在的心理并非那么简单。

在我们的父母，甚至连我们自己都没有意识到的当下，
有多少判断与评价的语言决定了孩子的思维模式，甚至即
便成年后依然发挥着影响力？敏感的人，只要对方说话稍
有一点儿批判自己的意思，就会立刻紧紧关上心门。一旦
**习惯了这种思考模式，他们将会以"好与坏""对与错"的
二分法来区分这个世界，甚至不断以此攻击与批评自己。**

很多孩子光是凭自己心中可怕的想象，便断定自己是
个思想扭曲的坏人。不过想法终归是想法，感受终归是感
受。即使心中有想法和感受，也不代表自己一定会成为那
样的人。

想法与事实是完全不同的，我们必须先相信两者截然
不同。即便如此，仅是心里出现负面的想法，就足以让人

喘不过气，进而引发各种身体上、心理上的症状。此外，
"一不小心犯错就可能被抛弃""表现不好就可能不再被爱"
的恐惧，将会让孩子想成为有权力的人，进而也让他们在
这个权力结构中更加痛苦。

别随意评论孩子的情绪

　　几年前，有一名小学高年级女生因为写诗而声名大噪。
我也对那名女学生的文笔赞叹不已，她的想象力引人入胜，
她的诗让人读得津津有味。虽然诗中细节已经记不清楚，
不过其中有些天马行空的想象让我印象深刻，比如把妈妈
抓来、磨碎吃掉等。她的诗发表后，许多妈妈都气急败坏，
批评这孩子怎么可以有如此恐怖的想法，还说这孩子和妈
妈之间一定存在严重的冲突，孩子才会把它写成诗，甚至
说这个孩子肯定有严重的心理问题。
　　读着那首诗，我倒认为这孩子以后一定会是个想象力
特别丰富、特别有创造力的人。像那样自由自在地运用文
字表达内心无穷无尽的想象，甚至还写成诗，这样的孩
子是绝对没有问题的，反倒是那些说不出内心感受的才可

能有问题。能够写出这种诗的孩子，她的母亲在阅读的时候，想必会觉得非常有趣，而不是深受打击吧？如果是我，应该会莞尔一笑，开心地对孩子说："哎哟，你这孩子真是的。"甚至期待她下次会用什么样的想法和想象带给我惊喜。

想象必须是天马行空的，不该涉及任何道德或伦理的介入。试想，我们夜里梦境的内容，即使出现多么骇人听闻的情境，也没有任何人会担心当事人做坏事吧。有些母亲慌张地跑到咨询室问我："医生，我的孩子这样形容妈妈，这应该是很严重的问题吧？要是孩子去做坏事该怎么办？好可怕喔！"其实我很想说："妈妈，是您更可怕吧。"不过最后我只是一笑置之。

谁都想教养出只做好事、只说好话，开朗又讨人喜爱的孩子，我完全可以理解这样的心情。但是，**母亲不允许孩子有负面想法或任何恶意的感受，反倒可能在孩子心中埋下不该有的罪恶感和负罪感。**孩子的行为需要父母管教，但是情绪和想法最好任凭孩子自由发展。情绪没有好坏对错，情绪和想法都是相当主观且直觉的，所以没有理由加入价值判断和评价。

如果母亲认为孩子出现错误的、负面的情绪或想法时，只要温和地告诉孩子："原来你是这样想的啊……"一旦有任何价值判断或评价介入孩子的想法，孩子将难以接受真实的自己。**无法接受自己，也就意味着难以接受他人。甚至可以说，无法以适当的感受接纳自我的人，几乎不可能毫无偏见地看待他人或接纳他人。**

孩子性格内向就一定不好吗

我偶尔在网络或书店看见心理学相关的书籍，有不少书让人感到困惑，内容都是引导孩子变得更开朗、更乐观的教养方法。坦白说，我个人对于这样具有商业目的的教养方法不太认同。

当然，专家提出专业方法背后自然有其考量，但是这种"我会告诉你简单的解决办法，所以你一定要买来看"的态度，令人感到不舒服。甚至他们提出的专业建议和方法是否可行，都有可能是个问题。开朗乐观的孩子身心发展健全，但是不开朗的孩子就是有问题的、就是不好的，这种想法终究只是人们的刻板印象而已。

根据心理学会流行的性格类型测验（MBTI）研究资

料，相较于西方人，东方人大多性格偏于内向。内向型人格的比例占全体人口的 70%。然而，现实生活中却流行起教养外向型子女的教育热潮。来到咨询室的女大学生或年轻的女性上班族们，就有人是因希望改掉自己消极、内向的性格而来咨询的。她们非常讨厌自己在其他人面前胆怯害羞、无法侃侃而谈的样子。

最终，我并没有努力改变她们，而是先怀疑这是否她们真正想要的。过去她们并未深入了解自己的特质，也没有学会善用个人特质的方法，只是贸然以外界普遍期待的形象来理解自己。她们也未曾经历过消极、内向的自己受到他人肯定，或得到他人的关怀。

然而，有人喜欢自己性格消极、不敢站在人群面前、在茫茫人海中不受注目的模样。所以，**性格内向又如何？只要那样的我不会感到不安与痛苦，就没有问题。内向也好，消极也罢，只要不讨厌那样的自己就好。**

CHAPTER
3

我也想成为
母亲疼爱的女儿

——关于母亲的匮乏

当想逃避的时候，
不安就会紧随而来

有时我们也会利用自己的创伤、痛苦和不幸，
作为自己人生的防御策略，
让自己无法积极地直面自己的生活。

女儿曾在小学三年级转学。虽然当时只是小学生，但女学生之间早已出现明显的关系冲突与心理对立，所以在转入新学校后，并且还是中途加入的情况下，女儿表现出极度不安和焦虑的情绪。还记得转学后的一个月内，孩子每天早晨都会呕吐，丈夫与我为了陪孩子一起度过那段艰难的时期，几乎耗尽所有精力。女儿与新朋友逐渐相处融洽，到毕业时，已经和班上所有同学打成一片了。

然而，在小学毕业准备升中学之前，孩子再度感到焦虑，表现出紧张、痛苦。我在旁边陪她承受着不安，同时也引导她回想过去与新朋友相处融洽的经验，借此鼓励她相信自己。不过，这次似乎没有明显的安抚效果，女儿并没有因此而稳定情绪。此时，我的脑海中忽然闪过一个想法。

女儿所经历的不安，来自实际经历过的真实情绪，而对于新环境适应良好，也是从实际经验中得到的真实感受。那么，孩子明明有过成功克服不安的经验，为什么反倒忘不了过去不安的感受呢？这种不安看似存在过，却是未曾发生过的"想象的不安"。

一旦陷入想象的不安中，孩子就可能因此逃避进入中学前必须面临的课题。例如，即将被赋予的"中学生"身份，以及明知必须开始认真学习，却又提不起干劲儿的状况，这些都令他们想要逃跑，于是他们便利用不安的情绪作为逃避的机制。**"不安"尽管让他们付出了恐惧与紧张的代价，却也提供了能安全逃避的依靠。**父母忙着关心受到不安折磨的孩子，并安抚他们的情绪，因此没有余力对孩子唠叨，这也算是孩子选择"不安"的一种好处。

操弄自身匮乏的人

不只是女儿，就连身为大人的我们也是如此，在特别容易感到不安的人身上，经常会看见这个现象。在长大成人的过程中，我们曾经历了无数的创伤，若从整个生命的历程来看，创伤也不会停止。在这些创伤中，一部分会留下难以磨灭的伤痕，即使事过境迁，人们也不免深陷其中，而无法活出真正的自我。

创伤也好，伤痕也罢，都不应该被忽视或压抑，必须以适当的方法接纳。但是，如果过度以简单的因果关系来解读创伤，那么创伤也可能沦为被操弄的工具，阻碍我们正视自我的情绪。

例如，电视上有不少名人谈到自己曾经历过的创伤或挫折，他们这么解释创伤后的心理："因为这样，我才没办法做某件事。""因为这样，所以那件事我办不到。"这些话在某种程度上的确是事实，然而若进一步思考，也让我们意识到：他们是不是正在利用心理创伤，当成自己不再向前迈进的借口？总而言之，尽管受到创伤、痛苦与不幸的打击，我们也必须检讨自己是否曾在某个时刻，利用这些创伤，以此作为积极地直面自己人生与深入挖掘自我的防御策略。

如何治愈记忆中的创伤

只记得过去的幸福时刻
和只记得过去的不幸，
两者终归是相同的。

对于同一件事，母亲的记忆和我的记忆完全不同；面对相同的事情，我和孩子的记忆也大不相同。

小时候，母亲曾将我托付给外婆照顾。对五岁的我而言，一天就像永恒那样漫长。然而，在母亲的记忆中，不过是托付外婆稍微照顾一下女儿而已。这样的差异，可能是由孩子和大人对于现实有着不同的感受所造成的。**不过，更主要的原因在于，儿时的经验通常容易与当时的情绪和状态一起被深刻地记在脑海里。**

一名三十多岁的女性向我坦言，正因为自己小时候经历过被母亲冷落、被家人排斥，所以现在才会过得这般不幸。她只记得自己最落魄不堪的模样，而日复一日地抱怨过去既影响了现在的生活，也阻碍了自己的幸福。然而，在某次精神分析的过程中，她提起自己偶然回了一趟娘家，发现小时候的照片，感到非常惊讶。因为母亲的相机镜头捕捉到的，是自己开心又可爱的模样。我想这张照片应该不是她第一次看见，只不过已经有一段时间没有看到了，才会有像是初次看到的感觉。

当然，这张照片无法告诉我们关于她还是小女孩时的一切。但是像她那样只记住不幸和难受的回忆，背后肯定存在原因。无论是忘记所有负面的记忆，将记忆曲解为只有幸福的时刻，还是只记住自己不幸的身影，两者终归是相同的。

在电影《罗生门》中，我们看到人们对于同一件事，有着不同的描述。而主角们的陈述，全都偏向于对自己有利的方向，也更能保护自己。人们的记忆是如此的不可靠，并且记忆也会随着时间的流逝与情绪结合，而情绪又带着个人主观的解释。因此，即使是同一件事，也像是完全不同的事件，被记录在每个人的脑海中。

孩子们也会选择记忆。换言之，他们会记住自身的匮

乏，对匮乏有着强烈的欲望，并且以选择性的记忆来强化不满与怨恨。有人通过不满与怨恨强化后的力量，获得生存下去的动力，也有人不断重复着不幸。这是在潜意识中建构出来的幻想，而这些幻想又建构出我们的真实生活。

别让匮乏感成为孩子一生的羁绊

精神分析学家茱莉亚·克里斯蒂娃（Julia Kristeva）在临床实验中得出结论，大多数人因为"爱的匮乏"而患上心理疾病。

精神科医师李东植，结合韩国传统创立了"道"治疗所，他曾说："心理疾病都是感受出现了障碍。"心中的痛苦与混乱，全部源自感受，而我认为这个说法值得深思。李东植也提到，这一切源于对母亲的执着、爱恨以及得不到母亲关爱时所产生的敌意。

实际上，得不到关爱与自以为没有得到关爱，这两者存在明显的差别。孩子无时无刻不在渴望、要求父母给予全然的爱与满足，但是教养过孩子的父母就知道，无论怎么做，这些付出都经常付诸东流，反倒一些做得不好的地方，偶尔无法满足孩子匮乏的时候，孩子却记得一清二楚。

我们的记忆大多是选择性建构的。父母和子女对于同一件事的记忆之所以会相差甚远，是因为我们终究会选择对自己有利的一面，尽管那是痛苦的回忆。人们通过选择"匮乏感"，得以不断提出渴望与欲望。甚至有人将自己定位为软弱的人、有所匮乏的人，并无休止地提出要求。

赋予创伤新的意义

在精神分析的过程中，探索曾经发生的事件，就像挖掘古迹般，轻轻地刷开表层，让事件的真相完整地呈现出来。尽管这个过程相当有趣，有时却也极其复杂，甚至可能出现令人讶异的事实。不过，仅仅是拼凑事件原貌的行为，就有助于缓解情绪，放松心情；而一旦了解事件的来龙去脉后，便能放下心中的重担。寻求事实固然重要，但并非了解事情的全貌，问题就能迎刃而解，毕竟事实起到的作用十分有限。

来访者在咨询过程中说出的故事，是否他亲身经历的，其实并非最重要的。也就是说，**比起深究来访者的陈述是否属实，更重要的是厘清来访者为何会如此记忆，而创造该记忆的幻想与欲望是什么，这些欲望的出口又在哪里。**因为这些答案能告诉我们一个人的真实样貌与他所追求的真理。只有这样，当事人才能重新接受这些挖掘出来的真相与真理，并重新建构自我。

语言学中，有所谓的"能指"（signifier）与"所指"（signified）。比如，"能指"是"树木"，"所指"则是树木代表的"意义"。当某人说出"树木"（能指）时，每个人对于树木所代表的"意义"（所指）各有不同的想法。有些人想到的是作为书桌材料使用的木材，有些人想到的则是森林里的松树。除此之外，对某些人而言，"树木"使他们联想到巨木森林，引领他们进入迷人的风景中；而对另一些人而言，"树木"使他们联想到施暴时使用的木板，使他们联想到不忍目睹的场景。

记忆是由影响我们最深的父母或他人赋予的"所指"，是一点一滴累积而成的意义。此外，**我们赋予自身的创伤何种意义，以及对这些意义又是如何想象和解释的，都将决定我们面对创伤的态度。**

拉康认为，以"能指"为核心，将外界赋予个人的意义转变为新的意义，是非常重要的治疗过程。这并非任意消除我们心中的创伤或痕迹的行为，而是重新建立它的意义与重要性，为至今在我们心中烙下伤痕的"能指"重新定义。这是重建潜意识与心理结构，同时也是精神分析的过程。

人永远有着无限的可能。努力让那些束缚着我们的"能指"，以及串联在"能指"背后众多的意义浮出水面，并一一清除、分离，我们仍有机会脱离原本熟知且深信的观念与经验，跨越语言建构出的内心界限。

没有"别人家的妈妈"，
只有"我的妈妈"

孩子想象中的理想母亲，
实际上并不存在。

"妈妈你干吗？谁家的妈妈会那样做？"

这是女儿三四年级时经常对我说的一句话。这时候，我总会这样回答：

"妈妈不是一定要那样，你要试着抛下偏见——我的妈妈就是这样。"

从中我们可以看出孩子们对母亲存在着幻想。也许女儿想象中的母亲，是不会表现出个人情绪，性格温和、仁慈的，就像为游子"临行密密缝"的慈母一般！女儿这样的幻想究竟是如何产生的呢？从荣格心理学的观点来看，可以将此当成是一种"集体潜意识"。就算不用潜意识来说明，也可以说是自从我们出生并与主要养育者建立关系的那一刻起，就接受着社会观念、文化观念的制约。虽然子女直接通过主要养育者——父母的语言来认识世界，但父母的语言也并非源于自身，而是来自世界各地固有的社会传统文化。由此可见，即便没有刻意学习某些知识，在人们的意识中也早已充满了各种幻想与理想。

拉康曾说："社会、文化与思想所塑造的普遍知识，是大他者的语言。"这里所谓的"大他者"，可以是固定不变的某种普遍知识与形象，也可以是所有人看似同意（实际上不一定如此）的常识与标准的普遍知识。

理想母亲与现实母亲的差距

看来我女儿感受到的母亲与她想象中的不同，并非那般温柔仁慈。她也无法欣然接受自己想象的母亲和真实的母亲有所差距这个事实。于是，这样的差异与距离，使她产生了某种"匮乏感"，而这种匮乏感又对孩子造成了莫名的创伤。在女儿眼中，母亲有时说话敷衍，有时说话又一针见血，击溃了她的幻想。虽说慈爱地包容孩子的一切，才像母亲该有的样子，但母亲也会产生情绪化的反应，也有脆弱的一面。后来我女儿有一段时间不愿放下毛茸茸的玩偶，就是试图借此满足心中的匮乏。

大概到了小学六年级，她的态度逐渐改变。在低年级时，孩子通常会以某个特定形象来看待母亲，如果母亲没有符合该形象，孩子就会感到不满，并要求母亲尽可能符合该形象；随着孩子进入高年级，他们开始认识到母亲的优缺点，并且能用语言描述。

"妈妈虽然说话一板一眼，但是我知道她很容易心软。"

"妈妈虽然很严肃，但是会从头到尾把我的话听完，也会记在心里。"

"我对妈妈有很多不满的地方，不过我知道妈妈很担心我。"

"虽然我有时候很讨厌妈妈，但是爱妈妈的心永远不变。"

这些话显示出孩子原本在心中描绘了母亲的理想形象，并要求母亲符合理想形象，开始认知到母亲真实的一面，并试着接受。此时，女儿对"理想形象"的执着逐渐消失，对朋友的关心与日俱增。换言之，她已经开始接受匮乏了。

在这个过程中，孩子大多能具体明确地将有关母亲的经验内化。如果孩子无法将母亲与自己的关系转化为具体的经验，他将会永远受到理想形象的束缚，摆脱不了现实与理想的差距所造成的匮乏感。**孩子想象中的理想母亲，实际上并不存在。他们必须将自己亲身经历的母子关系具体内化，而不是期待着一个虚幻的理想母亲的形象。**

因此，母亲们不应该被"好母亲"的形象束缚住。孩子的要求可以接受与认同，但母亲也必须相信自己可以走出一条属于自己的道路。若非如此，便会因为没有成为理想母亲而产生罪恶感与自责，进而使亲子关系日渐恶化，或是被迫扮演牺牲的角色。

世上没有所谓的好母亲、坏母亲

世上没有所谓的"好母亲"，只要以最真实的自我和孩子建立各自独立的特殊关系，就足够了。如果母亲的性格内向，那么孩子就得接受母亲不愿出头、为人低调的形象；而身为母亲的自己，也没必要对自己内向的模样感到不安。唯有如此，才能理直气壮地告诉孩子："我们家的妈妈就是这样。"

　　这句话的意思不是："我就是这种人,你想怎样?"而是要让孩子在真实的亲子关系中,体会母亲的态度:"我不是你想象中的妈妈,但是身为你的妈妈,我全心全意地爱着你,也因为你是妈妈的女儿,理所当然会得到妈妈全部的爱。"

　　相反,母亲也必须认同并接受女儿与生俱来的各种特质或优缺点。女儿既是与我们外表相像、理应加倍呵护的孩子,也是继承我们身上的缺点、令人担忧的孩子。这两种情况,都使母亲被自己束缚着。之所以出现这样的矛盾,原因在于母亲没有认清孩子是与自己不同的独立个体。

　　当母亲发现自己讨厌的缺点出现在孩子身上时,往往希望孩子尽快改正;然而,在孩子身上看不见自己的某些优点时,却又责备孩子怎么连这都办不到。当母亲不够认识自己、不够爱自己,就会将这样的态度投射在孩子身上。因此,母亲必须先充分理解自己,全然相信自己,才有办法客观地认识并接受孩子与生俱来的各种性格和特质。面对孩子需要改进的地方,必须多花些心思等待,因为唯有耐心等待,才能以非暴力的方式去改变。

如何成为"我的妈妈"

母亲只要扮演好"我的妈妈"这个角色，而不必是"别人家的妈妈"。不管对外展现的形象如何，为人多么温和，如果母亲没有将"我的妈妈"的形象植入自己的记忆中，一切就没有意义。没有永远坏的妈妈，也没有永远好的妈妈。

害怕表现出不好的一面，而一味地追求美好的形象，这种逃避的态度只会使内心的阴暗面日渐扩大。而阴暗面的代价，将由子女承受。当然，也不必认为自己是坏母亲而自暴自弃，将孩子拒之千里。衷心希望大家都不是只有一颗想成为好妈妈的心，却忽视了孩子真正的需求，最后活成日渐孤独的妈妈。

总而言之，我们必须成为懂得思考与探索的妈妈。因为当妈妈能够意识到自己的需求与欲望、匮乏与创伤，并且接纳时，将看见过去未曾展现的炽热的母爱。

如果仔细看自己，
就能看见妈妈的影子

仔细观察自己对待孩子的方式，
有时能看见我正在用别人对待我的方式，
来对待孩子。

我做我的事，你做你的事。我在这个世界上不是
为了满足你的期待，你在这个世界上亦非为了满
足我的期待。你是你，我是我，如果我们偶然发
现彼此，那很美好。

——德国精神病学家　弗里茨·皮尔斯

　　某天，我接到前辈打来的电话，她十分焦急地对我说：

　　"因为我们是老朋友，照理我不应该请你帮我，但是我
现在能想到的只有你了。我现在的情绪太无助了，想着只
是跟你说点儿什么也好。"

原则上，我是不为好友或熟悉的人做咨询的，但事发突然，当下无法断然拒绝，或转介给其他专家，所以我暂且让前辈来我的咨询室，先听听她的故事。

前辈婚后生了女儿和儿子，夫妻间的关系还算和谐美满。不过，只要一提到孩子的问题，尤其是大女儿，夫妻俩必定大吵一架。那天也是因为大女儿的教育问题两人发生了口角。

前辈的丈夫特别看重大女儿的学习，尤其是英语，总是紧盯着女儿的学习状况。然而，原本一向乖巧听话的女儿，学习成绩突然退步。对于这个突如其来的转变，父亲感到慌张不安，立刻询问妻子是否该换一个补习班。前辈一听到丈夫的话，内心不禁感到厌烦、满腔怒火。前辈认为孩子的学习有时表现好，有时跟不上进度很正常，丈夫实在没必要为此感到不安。而且丈夫已说过会对女儿的学习负责到底，现在突然拿女儿的事来烦自己，不免与丈夫有了如此激烈的争吵。

这次的争吵愈演愈烈，演变为双方情感上的争执，甚至走到提出离婚的地步。前辈无法理解为何这件事会严重到要离婚，好像所有问题都因此被暴露出来，最后只好赶紧与我联系。

仔细听完后，我问了几个问题。前辈在对话过程中，自己也发现了一些问题。如：原本行程都正在进行中，前辈也花了许多时间在儿子身上，现在却都不得不为了女儿补习班的问题而调整，包括找新的老师等，这些都令她烦躁不已。还有，女儿最近开始模仿弟弟的英语发音，前辈看了觉得不快，心想"你究竟想怎样"。更重要的是，看到女儿跑向丈夫，装出小婴儿的模样跟丈夫说话，尤其令前辈感到厌恶与愤怒。所以前辈和父女俩划清界限，表现出"随便你们"的态度。而面对前辈的态度，丈夫竟莫名地大发脾气痛骂道："你这样还算是孩子的母亲吗？"各种无法被理解的委屈、混乱、不安和自责的情绪交织在一起，使她不得不寻求帮助。

父母的态度与欲望无形中传承下来

前辈从小在缺少男性的家庭中长大，她的母亲经常吐露膝下无子的遗憾，而前辈身为长女，自然接收了母亲的种种怨言。母亲原本期待第二胎能生下儿子，岂料竟又是女儿。失望之余，决定把前辈的妹妹当成儿子来抚养。前辈说，母亲喜欢帮妹妹剪短发，就像男孩子一样，而妹妹也在母亲的教养下，逐渐长成"假小子"的模样。在如此期待下成长的妹妹，想必也经历过一些不为人知的艰辛。

前辈婚后第二胎生下儿子，她的母亲高兴得不得了，甚至愿意为外孙牺牲一切。而前辈身为母亲，也将儿子捧在手心，像是终于弥补了母亲的遗憾。经过长时间的对谈，前辈才发现自己正以母亲对待自己的方式对待女儿，不禁哭了起来。她终于发现，是自己把女儿当成她和儿子亲密接触的阻碍，想要推开女儿、疏远女儿。这样的心理冲突究竟是什么原因造成的呢？

丈夫忽然小题大做，拿女儿的教育问题来谈，之所以令前辈感到愤怒，也是因为这妨碍了她将所有心力放在儿子身上这件事。前辈如此执着、专注于与儿子的关系，并不只是为了弥补母亲的遗憾。事实上，前辈完全继承了母亲的欲望，并且将它当成自己的欲望，继续为这个欲望提供养分，投入精力。

即使是被这样的母亲抚养长大，以及日后成为大人，前辈都不曾发过脾气或有过任何怨言。她心中唯一的想法是，尽全力照顾母亲，照顾因为没有儿子而过得不幸的母亲。**看着母亲对外孙心满意足的模样，前辈或许觉得自己**

从母亲那里获得了过去不曾获得的爱。然而，她却默许由自己的女儿来承担这个代价。

我听着前辈的故事，内心出现这样的想法："无论是出于本能或直觉，你的女儿早就知道如何对抗和疏远自己的母亲了啊！"因为她懂得利用对英语成绩较敏感的父亲，也懂得让父亲代替自己和母亲对抗，责备母亲。我心里想道："这孩子还真是机灵。"

更重要的是，女儿英语出现退步的时间点。无论是过去或现在，母亲应该都是以相同的模式疏远女儿，并与儿子维持亲密的关系。如果女儿的英语成绩突然退步，那么在这个时间点前后肯定发生了什么事，必须好好调查清楚。例如，夫妻间的关系或心境是否产生变化，甚至是父亲的状态如何？总而言之，多亏了这次事件，前辈才有机会反省自己，重新探索与女儿的关系，孩子或许也能因此得到自己期待的改变呢！

以"家人"为名义的心理联结

仔细观察自己对待孩子的方式，有时能看见我正在用别人对待我的方式，来对待孩子。从小被母亲冷落的人，容易冷落孩子；母亲重男轻女，子女也可能更看重儿子。这不一定与父权家庭的氛围有直接关系，我们也可能在无意识的情况下，以冷落女儿的相同方式对待儿子。

人的欲望是他者的欲望。

——法国作家和精神分析学家　雅克·拉康

这个以"家人"为名义的心理联结，形成了强烈的心理纽带，不断复制塑造下一代的人生。如果可以站在各自独立的立场，创造健全的关系，当然再好不过；然而矛盾的是，想要停止这样的复制，就必须先彻底了解自己与父母的过去。

如果没有时刻地审视自己，或者质疑自己坚信不疑的"信念"，以及被灌输的普遍常识，从根本上抱持着怀疑、觉察的态度，我们就得继续扮演某人的角色，代替某人实现欲望，过着演员般的生活。甚至想从自己孩子身上找回遗失的自己，从此陷入不幸的循环中。

我也想成为
母亲疼爱的女儿

要受到母亲的偏爱，
得付出超乎想象的代价。

京熙在几乎都是女性同事的公司上班，曾经与惠成走得很近。京熙将年纪较大的惠成当成自己的姐姐，发自内心地喜欢惠成，也觉得与惠成相处非常自在。在京熙眼中，惠成不但长得漂亮，性格也好，能力更是出众，是京熙羡慕与追随的人。公司里的主管也喜欢京熙和惠成，所以她们的关系非常友好。

然而，从某天开始，京熙觉得主管似乎更喜欢惠成，也更照顾和信任惠成。当京熙对主管的反感和不满开始出现后，她们之间渐渐产生了一些小摩擦。

　　后来在一项众人合作的计划中，京熙接手了部分业务。这项业务需要经过大家共同决策，然而京熙却擅自做主，事后才向主管报告，这件事引发了双方激烈的冲突。惠成也指出京熙在业务处理上的瑕疵，引起两人间的争执。京熙认为惠成当面指责自己的行为是恶意攻击，更因此情绪失控。

　　惠成实在无法理解这样的状况，明明不久前两人还那么要好。她虽然想尽办法向京熙解释目前的情况，但越是想要客观说明，京熙就越觉得惠成是在攻击自己、强迫自己。主管也同样无法理解。她试着接近京熙，想和京熙一同解决问题，京熙却认为主管和惠成两人联合攻击自己，于是转向旁人寻求帮助。

　　三人的战争最后还连累到其他人，造成同事间尴尬与紧张的关系，办公室气氛也变得紧张。主管认为事情若再这么发展下去，肯定会影响公司的运作，于是通过朋友找上我，希望进行团体心理咨询。

偏心的代价

　　团体心理咨询初期，京熙便火力全开，说惠成对自己的指责有失公允，不但妨碍了她自由选择的权利，还对自己乱发脾气。而惠成无法理解京熙为什么会把怒气发泄到自己身上，反倒比京熙更加愤怒，又觉得曾经那么喜欢自己的京熙背叛了自己，因而痛苦不已。每周一次的咨询持续了几周后，双方的情绪没有丝毫缓和，京熙突然哽咽地提起自己儿时的经历，让焦灼的情况出现了转机。

在京熙的成长过程中，她对总是偏爱姐姐的母亲感到愤怒，同时也渴望得到母亲的爱。为了能得到母亲的爱，她付出更多的努力和牺牲，然而得到的回报，却是母亲仍然以姐姐为优先，并全然信任且依赖姐姐。

京熙坦言，在同一个小组内，主管更偏爱惠成（尽管事实并非如此），这让京熙心中燃起难以克制的怒火，并转而向惠成宣泄。京熙从某一刻起出现的幻想，反映的是自己与母亲、姐姐的关系，而非现实中与主管和惠成的关系。然而，她却将原本想对母亲与姐姐发泄的怒火，转而发泄在主管和惠成身上。间接听到京熙的情况后，惠成立刻明白自己为什么意外地成为加害人，并且理解了京熙的情绪。

京熙喜欢惠成，进而羡慕惠成，但她却无法克制羡慕带来的嫉妒，并且毫不掩饰地表现出来。这个嫉妒当然不只源于她的母亲偏爱姐姐而使她得不到爱的匮乏，偏爱造成的心理创伤固然严重，然而其中同样存在渴望占有母亲的强烈欲望。此时，**当事人会为了隐藏与保护自己的欲望，将对方塑造成攻击者及加害者，并因为对方而感到极大的恐惧、不安与担忧。**这是一种占有的欲望。这种欲望不分对象，可能出现在任何一种关系中，且非个人意志所能左右，因此，我们不可将占有欲误认为是爱。

奥地利精神分析学家梅兰妮·克莱因（Melanie Klein）曾说："亲子关系中的嫉妒，源自孩子渴望将自己羡慕的母亲完全占为己有，并与母亲合而为一的冲动与欲望。"当这个欲望受到挫折而未能实现时，或者孩子无法接受这个挫折而将其化为怨恨时，就会产生不安。如果这种扭曲的心态没有得到解决，孩子可能会出现企图破坏的冲动，而破坏的对象自然是自己或（孩子以为）迫害自己的人。他们没有将内在的他人与自己区分开来，从而引发了悲剧。

其实所有人都有这样原始的嫉妒心，只是每个人处理嫉妒的方式不同，最终的结果也有所差异。我们必须学会接受自己所经历的匮乏与缺憾，以及失去的经历。然而，不少人正在一种矛盾的情况下成长，即一方面正经历着不断地失去，另一方面却在心理上持续抗拒失去的事实。

此外，嫉妒与羡慕是一体两面。**当羡慕的情绪发展成**

过度痴迷、想成为对方的欲望，而欲望却无法得到满足时，**羡慕也可能突然转为嫉妒心和恐惧感。如果我们特别羡慕、嫉妒某些人，那可能代表对方拥有某种我们期盼的东西，而我们正渴望获得它。**

被偏爱的孩子就幸福吗

难道被偏爱的孩子，会比被冷落而受伤的其他兄弟姐妹更幸福吗？不是的。其实，受到母亲偏爱的人，往往需要付出超乎想象的代价。在父母偏爱下长大成人的孩子，有时必须代替兄弟姐妹承担父母赋予的更大的责任。谁负责照顾父母并不重要，重要的是兄弟姐妹心中的某种"报复心"。"你得到了那么多，负起这样的责任不为过吧？"这句话乍听起来也许理所当然，不过站在当事人的立场，难免会觉得有些委屈。**尽管得到父母更多的爱，理应付出更大的代价，但这并非当事人所愿。有时，为了报答父母的偏爱，甚至得牺牲自己的人生。**

在众多兄弟姐妹中受到父母偏爱的女儿，与儿子的情况又会有些不同。在母亲与女儿关系非常亲密的情况下，母亲有时可能会做出试图干涉女儿一切的行为。在这种关系下长大的女儿，终将成为一事无成的人。然而，母亲却让其他女儿承担这个结果，要求她们无私地牺牲；而过去那样渴望母爱的其他女儿，却必须牺牲自己大部分的人生，去照顾因为母亲偏爱而过得一无是处的姐妹。

京熙一方面渴望着母亲的爱，一方面又需要处理母亲与姐姐连心所引发的种种问题。京熙和能力出众的企业家丈夫结婚，经济上较为充裕后，母亲和姐姐理所当然地想享受京熙创造的宽裕生活；而京熙由于长期缺乏母爱，内心会浮现出这样的想法：

"如果我为妈妈和姐姐提供物质或精神上的帮助，妈妈会不会更爱我，更认同我？"

但是母亲和姐姐就像无底洞般，无论京熙怎么付出，她们也不懂得感谢、珍惜，甚至只要有丝毫不满，就会发更大的脾气，提出更过分的要求。各种怨恨与失望在京熙心中不断累积，这种愤怒最后在其他结构相似的关系中爆发了。这件事对惠成打击很大，她和主管私下关系也并非那样亲密，却要承受莫名的愤怒，她觉得不可理喻。不过，在京熙说出自己的故事，并真诚地向惠成道歉后，据说她们的关系变得比以前更好了。

抚平创伤，重启自己的生活

京熙向主管与惠成宣泄的愤怒，基本上是她潜意识的选择。不过，并非所有人在对自己造成伤害的类似结构、环境或关系中，都会以这样的方式来发泄。

虽然我们认为创伤造成了这种循环，所以创伤必须加以抚平，但是在这样的循环下，还隐藏着复仇的快感。即使因为没有适时解决受到的伤害与失去，而在心中留下创伤，我们也不会仅因受到过去的牵绊而一再受伤。将创伤带来的愤怒发泄在没有直接关联的其他人身上，还能带来某种快感。**因为尽管受到压迫、攻击令我们感到痛苦，我们也能趁机将痛苦发泄出来，并且利用痛苦继续愤怒。**

京熙在咨询的过程中，了解到自己将惠成和主管视为可以报复的对象。她甚至发现自己在潜意识中已经知道，即使把她们当成发泄情绪的对象，搞砸与她们的关系，自己在公司依然可以扮演弱者的角色，这样的反省真是出人意料。

于是她下定决心，再也不要以这种方式重蹈自己受伤的历史，也不想再以破坏自己和他人关系的方式来重复过去。她希望放过童年那个满怀怨恨的自己，以及没有对自己伸出援手的母亲与姐姐。最后，京熙鼓起勇气原谅了她们，并且带着希望重新走进自己的人生，重建现实生活的关系。

爱随着嫉妒蔓延

爱不是可以平均分配的东西。
只要孩子拥有足够多和母亲相处的记忆，
那就足够了。

　　母亲对女儿的嫉妒相当隐晦，而女儿对母亲的嫉妒则相当直接。尤其是从六七岁到小学结束为止，女儿甚至可能直接将母亲视为竞争对手。

　　越是天生与母亲有较多相似感受或亲密关系的女儿，对母亲的竞争心与攻击性也越强。有些母亲特别不想输给女儿的反抗，即使是在言语上，也想压制女儿，心里才会觉得舒畅。我们经常可以看到永远赢不过母亲的女儿，这个现象让这句话——"没有拗得过子女的父母"相形见绌。

并非孩子一定要赢过母亲，而是在与母亲的关系中，绝对无法赢过母亲的挫败感，将使孩子产生严重的无力感，甚至将战胜不了母亲权威的愤怒，转而发泄到意想不到的地方。当母亲与女儿进入胜败输赢的游戏时，必然得分出胜者与败者，此时的孩子绝对居于劣势。母女关系不是一场输赢的游戏，母亲只要扮演好母亲的角色即可，一旦母亲表现出不服输的态度，孩子就更容易陷入竞争的关系中。

我也想成为一朵花

女儿与母亲的心理联结，远比我们想象的更紧密。在临床咨询中，我发现女儿受母女间情绪的影响，比母亲所受的影响更大。有些女儿选择强硬的竞争关系，也有些女儿试着建立同盟关系，借此获得母亲的爱。

"妈妈对你们的爱都是一样的！"

孩子们都知道这句话是谎言。即便表面上努力达到公平、公正，但人心并非机器，不可能公平地给予相同的爱。我们都深受"不能偏爱孩子，要一视同仁"的普遍想法的束缚，并且为了达成这个目标，不得不继续隐藏个人情感并说服自己。为什么爱一定要一视同仁呢？

只要你按照你自己的方式去爱，而我用我的方式去爱就可以，我不认为对待老大和老二，或者对待女儿和儿子要一视同仁。只要孩子拥有足够多和母亲相处的记忆，那就足够了。

我是长女，家中还有一个弟弟，小时候母亲在叫父亲时，经常在前面加上弟弟的名字，变成"阿民他爸"。我从小到大都对这件事非常不满，为什么母亲不是加上我的名字来叫父亲呢？我曾经把原因归咎于自己的名字，因为弟弟名字的最后一个字是"民"，所以"阿民他爸"听起来比较自然；如果用我名字的最后一个字，叫作"阿兰她爸"，听起来似乎有些奇怪。我只好这样安慰自己。

在我看来，夫妻之间称呼彼此的名字较为妥当。比起把孩子和父母绑在一起，称呼谁谁他爸、谁谁他妈，以独立个体的名字来称呼对方更好。

韩国诗人金春洙有一首著名的诗——《花》：

在我呼唤它的名字之前，

它不过只是一个姿势。

在我叫出它的名字之后，

它来到我身边，

成为花朵。

　　比起执着于一视同仁的爱，只要母亲能记住孩子名字中的独特性，并且呼喊出来，就足够了。孩子也是如此，只要能在心中塑造出自己母亲的独特形象，而不是普遍的好母亲形象，并且接受这个形象，就不必去羡慕别人的母亲。

连我也不知道的情绪反应，
身体都知道

我们的身体如此敏感，
即使是细微的症状，
背后也有着千丝万缕的故事与历史。

"任何身体的症状都是暗藏玄机的提问，

也是试图传达某些信号的努力。"

——英国精神分析师和作家　达里安·利德

　　当父母和孩子们突然出现身体上或精神上的症状时，最重要的是回顾症状发生的时间点与前后事件的脉络。在相近时间发生相同的症状并不少见，这不一定是由遗传因素造成的，也可能是潜意识中，将渴望的对象与自己视为一体的缘故。所以在咨询时，必须仔细找出这些症状如何出现、何时出现，并且要一起探讨来访者在人际关系中发生的各种问题。这样的探讨与追踪，有时就像调查员深入侦查案件一样。

一位女性来到我的咨询室，说她在四十岁后遭遇了人生危机。在经过漫长的探索过程后，她发现自己母亲住进精神病院的年龄，和自己出现严重心理症状并来到咨询室的年龄相同，她不禁大吃一惊。另一位四十岁的女性，发现自己二十岁出头堕胎的时间，和母亲想要打掉自己的年龄相当接近，同样深受打击。

潜意识如此具体而细微地将许多事件反映在身体上，而我们却无法觉察这些事件会将我们带去哪里。之所以需要进行个人心理咨询，原因也在于此。

很久以前在学校工作时，一位患有肠躁症的女学生向我诉说，这个疾病让她在学校过得非常辛苦。学校生活不顺遂，最痛苦的人自然是女学生的母亲。肠躁症是神经性疾病，除了心理因素外，医学方面没有给出任何原因和处方。母亲为了治疗女儿的疾病竭尽全力，然而症状最终没有得以改善，女学生甚至选择了休学。

女学生借由自己身体症状所要达到的目的，其实是母亲的屈服。身为长女的她，平时与母亲之间有许多心理上的对抗与冲突，在女儿眼里，母亲是不肯倾听自己想法的人。当然，从心理分析的角度来看，女学生的症状还有许多更深层、更复杂的因素。不过，如果女学生休学，最痛苦的人是女学生的母亲，那么就必须怀疑这个症状所要传达的信息是什么。

孩子无法清楚、理性地意识到自己的欲望或诉求，因而通过身体症状发出信号、诉求；当大人无法认清自己的需求、愿望或匮乏时，也会如此。

我们的身体想说什么

与来访者相处的时间越长，我便越觉得仅仅依靠现代精神医学的诊断、处方与药物是不够的。由于经济因素与社会体系的局限，许多医师无法深入探索、了解来访者的历史，实在相当可惜，他们只能根据分类和统计给予诊断，开出相同的药物，并根据症状的程度来减少或增加剂量。然而，我们的身体如此敏感，即使是细微的症状，背后也有着千丝万缕的故事与历史。虽然无法完全了解，但至少我们应该倾听自己的身体，以及身体想说的话与发出的信号吧。

　　有的人过度盲目相信疾病名称，或者光是听见疾病名称，内心就能得到安慰；反之，不喜欢被冠上某些疾病名称的人，他们讨厌自己被定义在某个框架内，拒绝被视为特定类型的人。不过，希望听到疾病名称的这类人，至少能将自己的症状限定在特定疾病内，进而得知该采取什么行动，才能让自己安心。对他们而言，这不但是更安全的解决办法，也不必花费太多精力深入了解自己的身体，以及与身体直接相关的精神状态。

　　对身体的反应过度敏感，喜欢去医院看病的人，应该反省自己是否耗费过多力气在外在事物上；至于过度专注于内在感受而忽略身体的人，也可能是正在逃避某些身体症状。我们的身体与精神是一体两面，必须将身体的症状或反应，视为身体向我们发送的信号或信息。

当身体感到不舒服时，不妨关注内心

　　精神分析学家茱莉亚·克里斯蒂娃曾说："当'讨厌'或'喜欢'这类语言受到压抑，甚至连某些语言都无法表达的细微情绪被压抑时，这些情绪将触发强大的力量向外释放，那是任何一种精神上的印记或象征都无法穿破的力量，这股力量将转而攻击身体，破坏身体器官。"

贞惠一周有五天要到医院接受治疗，且是不同科室，例如整形外科、物理治疗、皮肤科、内科等。即便来回奔波于各家医院接受各种治疗，她的症状依然没有好转的迹象，最后才选择了心理咨询。

在咨询过程中，我发现她儿时因母亲离家出走而缺乏母爱，如今利用持续接受各个专业医生照顾的方式，弥补这个匮乏。换言之，每周有五天由不同专业的医师为她提供关照，而这些是她过去无法从母亲身上获得的。为了能持续利用匮乏获得实质上的关照，身体的症状自然无法好转。

潜意识中对匮乏的弥补，如果真的能获得实质的安慰与康复，当然是最好的；然而，她却不得不继续维持身体的各种症状，甚至为此付出让健康恶化的代价。在付出代价的同时，她终于觉悟到不能再继续这样下去，于是来到我的咨询室。

当然，她并不希望尽快解决问题。身为咨询师，我无法治疗她身体上的症状，如果开出让她放弃的处方，她的健康反倒可能受到威胁。因为对她而言，医院的治疗是无济于事的，因为她最需要的是弥补母爱的匮乏。**我们无法强迫一个女孩放弃母亲。唯有她自己意识到那些症状的意义与真实面貌，才有可能主动走出母爱缺失带来的创伤。**面对与自己身体休戚与共的母亲，她必须学会抚平内心的创伤。

CHAPTER

4

放下"为母则强"的 偏执,才能有所得

——关于母亲的母性

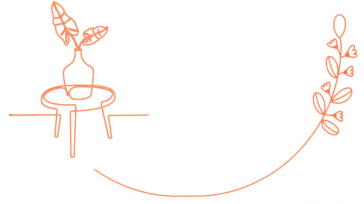

不爱孩子的"罪恶感"

就算现在尽力满足当时没有被满足的爱，
孩子受到的伤害也不会痊愈。

　　天底下怎么可能有不爱孩子的母亲呢？世界上当然有不爱孩子的母亲存在。甚至有些母亲，将孩子当成实现自己欲望的对象，或是将孩子当成自己的附属品，欺骗自己那就是对孩子的爱。

　　"母亲必须无条件地爱孩子"是这个世界建构出的幻想，也是一种母性神话。其实就连亲子之间的爱也是有条件的，在父母的牺牲中，隐含着获得同等报酬的期待，有时他们甚至通过语言或行动，直接或间接地向子女提出要求。面对母亲发出的呼喊，子女通常很难逃避。

有时母亲们会暗暗自责："我是不是太缺乏母性了？"不过从另一方面来看，我认为她们非常诚实，能够发现或觉察到爱自己更胜于爱孩子，至少是个正面的信号。其实她们不是不爱孩子，而是当心中只有自己时，自然容不下其他人，即使那个人是自己的孩子。母亲经常嘴上说要保护孩子，其实更多时候是想保护自己；而孩子们尽管说服自己理解母亲，内心却会萌生出抵抗的力量。

经过长时间与诸多女性来访者相处，我发现她们并非缺乏母性，而是被自己经历的创伤与匮乏所羁绊，无法正常发挥母性。只要不是太过自恋而无法自拔，至少在我的经验中，没有一位母亲是缺乏母性的，只有母性无法正常发挥的状况。

越是了解自己内在的创伤，就越能了解自己，而与生俱来的母性也将自然而然地显露出来。更准确地说，了解自己的女性，将可以通过自己的方式去发现新的母性，找回母性原有的功能，使之散发出力量与光芒。这是因为她们已经能够分辨清楚自己该捍卫什么，又该守护什么。接着，她们也将学会保护自己和孩子以外的人。

那时候是不得已?

我在心理咨询的过程中,发现小时候母亲对我的一些小小责备不断累积着,导致我在潜意识中认为自己是个不合格的母亲。因为自己的状态不稳定,所以在孩子就读小学期间,曾经有长达三年多的时间,孩子被交给婆家照顾,并在乡下的学校就读。虽然有不少无奈的现实因素,但那些都只是为了说服自己的借口罢了。

通过咨询,我才明白自己将孩子送走的原因,源自我内心根深蒂固的不安,以及报复婆婆在备受挫折的婚礼筹备过程中给我造成的伤害。那一瞬间,我的双脚几乎失去力量,已经记不得自己坐在咨询室外的楼梯上哭了多久。一方面对自己当时利用孩子发泄自身的愤怒而感到万分惊恐,另一方面也看见自己扭曲的母性——因为认为自己是个失格的母亲,而企图以疏远孩子的方式保护孩子。

许多母亲常说:"那时候是不得已。"这其实是隐藏自己潜意识的行为。或许有些事情只依靠自己的力量难以成功,但是如果我们没有尽全力反省自我、质疑自我,那么自己或自己最宝贝的孩子,必将为这个潜意识付出代价。

由于小学低年级时与我分离一段时间,女儿内心的匮乏表现在一些细节上。例如，女儿在性格上过度内向、疏远朋友，并且十分敏感。看着女儿因为对人际关系过于敏感，而让自己遍体鳞伤的样子，身为母亲的我相当难过。尽管如此，我没有逃避，不停地思索女儿正在付出什么样的代价，以及那时的我没有尽到哪些为人母亲的责任。

有些父母因为对孩子抱有愧疚感，而对孩子的要求言听计从。了解过去自己犯下哪些错误、为什么犯错固然重要，但是如果想借由顺从孩子来补偿自己过去的行为，这是非常危险的。**因为愧疚感造成的补偿心理，并不是真正为孩子好，这不过是母亲用来安慰自己的行为罢了。**

孩子可能会利用母亲的罪恶感来控制她

一位朋友早婚，如今她的女儿已经是大学生了。女儿在就读小学、中学期间，朋友与丈夫正经历婚姻危机，生活几乎一团糟。直到女儿上了大学，朋友的生活才算步入正轨。经过一段时间的努力，朋友已经顺利克服困难，不仅重新振作起来，甚至能肩负起母女俩的经济负担。但对于女儿过去因缺乏母亲陪伴而产生心理匮乏，朋友深感自责。因此，朋友对女儿上大学后的态度及要求都百依百顺，这导致她又陷入另一种混乱中。

朋友说："至少现在多弥补女儿一点儿爱也好吧？"看来朋友有一个严重的误解：过去形成的伤口，无论现在再怎么缝补，也不会消失。可能是她私心想为自己曾经犯下的错做补偿，这是母亲为了消除自己罪恶感的行为，其实反而是更爱自己的处理方式。

然而，她的女儿目前需要的，并不是在她年幼时应该获得的照顾。**女儿实际上正巧妙地利用母亲的罪恶感来控制母亲，使母亲无法挣脱，导致母亲必须随时回应女儿的需求，在女儿需要的时候立即满足她。**

承认并接受已造成的伤害

在人类的种种冲动中，快乐是让人尝过一次滋味后，就难以自拔的冲动。快乐尽管伴随着痛苦，却也无法停止。朋友女儿看着母亲任自己摆布的模样，体验到某种奇妙的快感和胜利感。然而，这样的控制并不能让女儿感到幸福，或是过上更满意的生活，而只会让母女关系更加扭曲、复杂而已。这对女儿和母亲来说都是痛苦的。

对于过去因为缺乏母爱而承受痛苦的女儿，该如何帮助她呢？首先，我们必须认同这样的事实：即使为了弥补过去的缺憾而现在满足女儿大量的需求，女儿曾经受到的伤害也不会淡化或消失。换言之，就是要承认过去已经造成的伤害。所谓的"承认"，不是只在心里想，更该用全部的身心去接受。**所谓的"接受"，则是大方地承认我们对各种事件所产生的反应，并且深入去体验与感受，进而承担它所带来的责任与代价。**

也就是说，我们不应该回避让我们感到不舒服和痛苦的事情。

母亲是真心希望
女儿幸福吗

她们将自身的创伤当作潜意识的养料
来喂养孩子，无形中在反复对孩子
进行报复与掌控。

"父母爱子女"是理所当然的常识，但就像前面提到的，这只是社会营造出的一种理想而已。在实际进行深入咨询时，便能见到许多不肯输给子女的父母，也有不少女儿说自己从来都不曾赢过母亲。女高中生诗铉每次和母亲吵架时，总是在听到这句话后哑口无言：

"你怎么敢对妈妈这样说话？这里不是你家，是我家！"

当子女不肯听从自己的命令时，父母便会摆出他们的权力。虽然我也想过或许是孩子太没有礼貌，母亲才说出这样的话；不过即便如此，这句话也赤裸裸地表现出母亲内心看待子女的态度。这个案例也许看似微不足道，然而实际上的确有不少母亲从未意识到自己的所作所为，已经在无形中妨碍了女儿的幸福。

母亲内心的欲望与私心

来到我咨询室的贤淑，是个努力为女儿付出、在背后支持女儿的母亲。然而她发现自己每到关键时刻，总会在无形中妨碍孩子的升学。她尽力让孩子补习，却在女儿想要申请好的大学时，以安全为由不断说服女儿接受较低标准的大学。她心里经常浮现这样的想法："高中毕业的我，付出到这种程度就够了吧？"贤淑发现，即使收到学校发来的家长面谈邀请，自己也会以各种借口推辞，无法对女儿的未来投入更多的关心。这样的阻挠，无疑是一位母亲刻意阻止女儿超越自己。

然而，当贤淑的先生为女儿努力时，看着这一切的她一方面对丈夫感到欣慰，另一方面则闪过一丝羡慕女儿的想法："我可不像你有这么好的爸爸……"

无论欲望是大是小，人们对想要维护的某种欲望都非常执着。**许多母亲或家长常说自己"为了保护子女""都是为了孩子"才努力奋斗到今天，但在这些话的背后，其实也隐藏着母亲个人的欲望与私心。**这是人性的弱点，也是母亲的弱点。看着与自己无关的人成功，我们会真心感到敬佩；然而，对于身边最亲近的人（家人、朋友等），我们却想与之比较，感到嫉妒。

潜意识是如此巧妙、利己，但即使是潜意识，那也是自己的行为。只要我们能不断地自我觉察，将潜意识提升至意识的层次，那么就能适时停止不当的行为。

母亲的爱中也隐藏着"毒药"

一位走进咨询室的年轻女性，说她每次要和男友见面时，总能从母亲刻意阻拦的行为中发现母亲的嫉妒，因而深受打击。这是因为她受到既定印象的影响，认为"母亲是无条件爱护自己的人"。她所熟知的一般想法，导致她无法理解自己与母亲之间的矛盾；直到后来，当觉察那是母亲的嫉妒所引发的行为时，她反倒更愿意接受与母亲之间的矛盾，内心也更平静。

嫉妒与羡慕的情绪本身都没有错，这是所有人类最原始的情感。但是如果不能意识到自己嫉妒什么、羡慕什么，这个代价将由最亲近的人来承担。尤其是秉持"家庭是由无私的爱构成"的观念、从未怀疑过何谓"爱"的人，问题会更加严重。因为他们坚信母亲和女儿没道理嫉妒彼此、阻碍彼此，所以潜意识想要隐藏或对这样的状况视而不见。因为这种逃避而产生的扭曲与弊端，往往会成为伤人的"毒药"。

美国精神分析学家迈克尔·艾根（Michael Eigen）说："在母亲的母性中不只有爱，也有毒药。"**因为母亲身为一名女性（而非母亲），眼中所看见的女儿不只是自己必须保护的人，同时也是一个比自己过得更幸福的年轻女性。**在女儿的成长过程中，有时女儿会将母亲视为竞争对手，而母亲也会在无形中与女儿相互竞争。

婚后，女儿们经常会听见母亲这么说：

"至少你遇到了好老公，生活很幸福，不是吗？"

这是因遇人不淑而活得痛苦与不幸的母亲们，对嫁给好老公的女儿所说的话。女儿过得比自己幸福，母亲固然感到高兴，然而在母亲的话语深处，却也隐藏着微妙的嫉妒和羡慕。看着女儿幸福的模样，母亲在感到欣慰之前，最先想起的是自己不幸的处境。在她们眼中，女儿不是成年的大人，而是让自己联想到自己过去处境的人。这种将女儿视为独立个体，想与之竞争、比较的原始情感，存在于所有母亲的心中。越是怜悯自己、对过去感到悔恨的人，越容易对女儿说出这样的话。

"杀死"母亲，我才能活下来

电影《思悼》虽然描述的不是女儿与母亲的关系，但有一幕是英祖要求儿子思悼世子代理听政，做得好英祖也挑毛病，做得不好英祖则痛骂，将儿子玩弄于股掌之间。这样父子斗争的剧情，并非只在王族之间上演，也是在所有家庭都可能出现的心理对抗。在电影中，思悼世子由于无法忍受父亲的反复无常，最后举剑试图杀害父亲，尽管在听见自己的幼子与父亲谈话的声音后，放下了手中的剑，但思悼世子依然被父亲赐死。

这是非常抽象的情感，它如实地呈现了我们内心存在着的"如果不杀死父母，就无法活出自我"的挣扎。更进一步说明，如果无法杀掉心中的父母，我们终将被他们亲手杀死。这里所说的死亡，并非生物学上的死亡，而是指父母在我们心中不断发出的声音与欲望的死亡。

心理上的分离，与经济上的分离、生活上的分离同样重要。**许多人尽管在生活中与父母分居，过着独立的生活，却没有剪断心理上的脐带，生命因此也无法继续向前。**所谓的分离，并不是指极端的断绝关系，而是说我们必须经历内在真正的失去与独立。

若通过阅读心理励志书、从事各式各样的活动来丰富自己的生命，却不知道自己为什么这么做，心中依然存在无法解决的问题，这将阻碍你的生命成长。人生如果只看好的一面，而逃避痛苦和黑暗的一面，那些必须亲身面对、挑战才能收获的真理与满足，就只会永远存在于遥远的彼岸。为了让生命更加丰富，我们必须主动了解那些影响自己行为的内在声音，以及根深蒂固的欲望。

即便如此，母爱依然伟大

尽管我们终究要面临即将失去的（分离、断开），然而母性当中也确实存在着牺牲、完全照顾与自我放弃等伟大的情感。不过我个人认为，这种情感与其说是本能，不如说是高度自觉且有选择性的。如果是本能的话，所有人都应该相同才对。但是，母性与学识或教育程度无关，只有懂得不断自我反省、自我思索的女性，才会拥有更高层次的成熟与决绝。

身为母亲，我们必须了解自己过去经历背后隐藏的意义与痛苦；而想要了解自己，最终仍需付出关心与努力去理解父母的经历。**别为了自我安慰与个人平静，过度美化或过度贬低父母的过去，我们需要努力了解父母最真实的模样。**所以在心理咨询的过程中，我通常会花费大量时间去探索来访者自己没有意识到却在心中扎根的父母们的故事。一个有趣却也惊人的事实是，来访者原以为自己从未记住或不了解父母的过去，然而在进行心理咨询的同时，父母的经历却像串珠般串连起来。

仅仅借由普遍的心理学知识来认识自己，不仅容易陷入危险中，也可能将问题归咎于极其表面的原因。因为即使是有着类似创伤的人，每个人的痛苦与创伤也有着截然不同的意义。

大家是否曾用过"妈妈当然很爱我"这样的普遍认知

来理解自己？认为自己是深受母亲关爱的女儿，然而心中的冲突和痛苦却从未停止？是否在意识层面说服自己："爸妈那时也不好过，才会这样对待我，他们永远都爱着我。"为父母开脱，但在内心深处的潜意识中，却仍有排山倒海的怨恨和心结困扰着自己？**这是因为自己早已知道的深层事实，与意识上说服自己的事实并不一致。**一个人的创伤与匮乏，并非套用普遍的大众心理学知识就能理解。一个人的痛苦，必然有着只属于当事人才能理解的独特之处。

心理咨询，可以说是揭开人们潜意识的行为。心理咨询不是将一个人剖析后，再好好分析诊断，而是将散落在我们内心深处，却没有被意识到的隐晦事实呈现出来，加以理解，并在呈现过程中承受随之而来的痛苦。许多人愿意经历这样痛苦不堪的过程，就是为了觉察自己在不知不觉中可能做出的行为。他们鼓起勇气，想好好保护自己珍惜的人，远离自己无法掌控的潜意识和阴影。当然，也是因为想更了解想法和行为不一致的自己。因此，进行心理咨询就是剖析自我的过程，也是重新建构自我的过程。

这并不是要母亲们借由自己的痛苦和牺牲向子女或丈夫索求回报，借此接纳过去的自我，而是让她们明白尽管问题发生的错不在自身，但仍能为自己心中已造成的创伤与痛苦负责,并且寻求解决之道。也有不少母亲即便没有通过心理咨询的治疗,也愿意付出个人全部的力量,为了家人与子女们持续探索自我。因为这样的努力,母性才能显现其非凡与伟大。

"在母亲与孩子的关系中,
同时存在着恐惧与崇高。"

——法国精神分析专家 茱莉亚·克里斯蒂娃

母亲心中潜意识的黑暗力量,并非想掌握一切、吞噬一切。只是因为她们没有彻底了解内心深处的创伤与扭曲,所以将创伤当作潜意识的养料来喂养孩子,无形中在反复对孩子进行报复与掌控。在母亲心中,同时存在着母性,想要保护、捍卫自己所珍惜的一切,而这个母性的崇高与前者势均力敌,只是我们尚未彻底发现、体验与接触这些母性而已。

浑身是伤的母亲，
如何再爱人

只要内心被某个问题所占据，
就无法将我们珍惜的人放进心里。

在战后婴儿潮一代中，经常能看见因为生下的是女儿而遭受歧视的女性。在这段时期，无论是生下女儿的母亲，还是身为这位母亲的女儿，在家庭中遭受暗中或公然排挤的情况屡见不鲜。

顺贞来到我的咨询室，不是为了自己，而是为了女儿的问题。她说，女儿婚后仅仅几年，婚姻就面临危机，自己不知该如何是好。她希望在女儿接受咨询前，先弄清楚自己的状态，所以先来进行咨询。

整个咨询期间，顺贞几乎是边哭边诉说自己的故事。

年轻时的她，可以说是为了生活拼尽全力，一刻也闲不下来，艰苦奋斗的日子历历在目。顺贞的母亲接连生下女儿，在婆家得不到任何好脸色，而在生下小女儿顺贞当天，婆婆更是直接将新生儿顺贞丢在火炕前冰凉的地板上。即便如此，顺贞的母亲也没有放弃这个小生命，逃命般抱着孩子求助于当地的教会。多亏教会牧师煮米粥给母女俩，悉心照顾，顺贞和母亲才勉强恢复体力。

　　顺贞从小受到外婆的控制，没有正常上学，童年过得相当悲惨；婚后丈夫跟自己处境相当，顺贞只能继续过着艰难的生活。现在好不容易辛苦终于有了回报，不但买了房子，理财收入也不错，生活过得十分宽裕，但是顺贞仍坚持工作，不肯休息。她认为在工作的时候才有活着的感觉，而且因为工作尽责，客人时常光顾，自己也觉得很有成就感。之前顺贞的母亲看见顺贞婚后生下两个孩子、生活困苦的模样，对女儿遇人不淑感到惋惜，甚至劝顺贞干脆和丈夫离婚，她愿意帮忙照顾孩子。顺贞当然不愿意：一是要放弃自己选择的丈夫，这个男人可能会走上绝路；二是也不希望婚姻和人生双双失败，所以抱着这个想法咬紧牙关坚持了下来。

　　然而，令顺贞感到委屈的是，自己一直以来这么努力，为什么女儿还过得如此不幸？一想到女儿没有能力独立抚养孩子，只能带着孩子回到娘家，顺贞就觉得未来一片茫然。所以当女儿决定离婚，回到娘家时，顺贞并没有给予女儿温暖的拥抱，反而想尽办法，要让女儿与女婿两人重修旧好。

母亲将自己的担忧，伪装成对女儿的担忧

我问顺贞最害怕什么，令人讶异的是，顺贞害怕的并不是女儿的不幸，而是女儿离婚后会影响自己的工作。如果女儿回到娘家，没有人帮忙照顾年幼的外孙，那么自己势必为了照顾外孙放弃工作，这样的忧虑让顺贞倍感压力。

对顺贞而言，工作就是自己的一切。在工作的时候，她能清楚地感受到自己受到欢迎，以及活着的感觉。虽然以前没有上学读书，被别人瞧不起，就这样活到六十多岁，人生路上也经历了大大小小的伤害，但是进入工作状态后，她就能暂时忘却这些痛苦，并且能得到良好的反馈。

一想到未来可能要放弃自己视为一切的工作，一种堪

比死亡的恐惧瞬间涌上心头。另一方面，顺贞的女儿在最艰难的时刻想要依靠母亲，但是母亲那样的态度却令她备受伤害与打击，为此她伤心落泪。"我都说我过得不好，不想回到那个跟地狱一样的家，为什么你还不了解我，只想叫我赶快回去？"顺贞的女儿对母亲大吼，心里恨透了母亲。

顺贞说服自己这是为孩子好，一定要忍下来，再说家和万事兴才是最重要的。但从理性来看，我们很难说顺贞是真的为了孩子好，才要求女儿回到现在的家庭。尽管顺贞那样说服自己，但比起女儿所承受的巨大痛苦，她更担心的是失去自我，所以选择疏远女儿。

不只顺贞如此，任何人都是如此软弱。不过，只要我们明白自己害怕什么、疏远什么，就能找出母女之间更好的相处之道。

受伤的母亲，被困在过去的创伤中

我们在理性上往往认为父母可以为孩子牺牲生命，但是受伤越深的母亲，越难以接受孩子最原本的模样。如果顺贞不能彻底认清自己的创伤，看清自己的状态，不妨先停下来，给女儿一个拥抱。至于该如何开解女儿承受的痛苦与不幸，也可以放慢脚步好好思考，探索出最合适的方法。人类在最脆弱的时候，容易失去辨别是非的能力，不知道该保护什么、保护谁。

顺贞因为担心失去自我而活得战战兢兢，这种状态并不是成熟的心理状态。创伤或匮乏形成的心结越大、越多，停留在当时的自我就越容易否定现在的自己。换言之，顺贞正是用儿时浑身是伤的自我来看待现在的女儿，而不是用已经抚平创伤、温和母亲的目光来看待女儿。

顺贞不停地倾诉自己难过、痛苦的回忆，深深地沉浸其中，仿佛对一切置若罔闻。顺贞似乎是为了让自己的处境和态度获得正当性，所以才来到咨询室。她问我："如果是您，也只能那样做吧？"她急于寻求我的认同。我是这么告诉顺贞的：

"这么说或许您会觉得很不舒服，不过我希望您能再好好想想。从前您的母亲即使受到婆婆的迫害，也丝毫没有想过放弃或抛弃您。这是事实吧！后来您在牧师的帮助下和母亲一起活了下来，婚后母亲看着您那么辛苦，甚至还希望您离婚回娘家，替您照顾孩子。母亲是用尽一切努力想保护您。过去虽然过得非常艰苦，至少也算平平安安活到现在。但是您现在却要女儿回到她口中那个地狱般的婚姻中，把女儿拒之门外。为什么会这样呢？是什么让您这么忧虑，以至于眼中看不见自己的女儿呢？"

顺贞听到这些话，瞬间停止了哭泣。在这一瞬间，她完全意识到自己的问题。她发现自己过去从没分辨清楚内在的匮乏感与真实的匮乏有何不同，进而陷入情感上的误判与错觉中。**当我们在生活中被创伤带来的情感冲击蒙蔽时，便无法看清现实。**

顺贞过去确实过得非常辛苦，但她却忽视了母亲最终没有放弃自己的事实。她深陷过去被外婆欺负、没有受到保护而产生的匮乏感中，反而无法发现自己正把需要保护的女儿推向远方。**与其说顺贞将自己受到的创伤，不如说她将母亲受到婆婆的欺压和伤害，也放在自己身上。换言之，她的一生被困在母亲的创伤中。**

深层的心理咨询并不是无条件地支持承受痛苦的来访者，或是给予安慰。应该说不可以这么做。有时咨询师必须冷静地面对来访者，让来访者真正认知到什么才是现实。顺贞为了寻求安慰、支持与认同来到咨询室，却在咨询的过程中遇见了真正的自己。

母亲只要在困难时刻陪在自己身边就好

　　顺贞虽然已经是六十多岁的母亲，却和那些为孩子的问题烦恼来到咨询室的年轻妈妈没有什么不同。**她们不是反省自己的问题，而是先请我改善、治疗孩子的问题。因为对她们而言，那是更简单、便利的方法。**

　　顺贞也是一样，最后女儿只能靠自己解决问题，日后想必也是如此。虽然家人能给予的帮助有限，但让人感到挫折的，是母亲对待我们的态度。换言之，产生挫折感不是因为母亲没有为我们解决某些问题，而是母亲在我们最辛苦、绝望的时候，表现出的漠然态度。

　　我在自己年幼的女儿身上，以及许多长大成人的女性身上，发现一个共同的特点——那就是无论面对怎样的痛苦或考验，她们都想知道自己不是孤单一人。她们要的不是实际的解决方案，而是希望在自己最困难的时刻，身边有个默默理解自己的母亲。

　　只要内心被某个问题所占据，或被自己的匮乏与创伤所束缚，就无法将我们珍惜的人放进心里。母亲只需要读懂孩子的心情，就足够了。**每个女儿对母亲的期盼，就是完全相信自己，并且和自己一起坚持到底。**只要母亲能做到这点，那么女儿接下来就有足够的力量重新站起来。

母亲的不安
未曾消失的原因

母亲情绪上的不安，
孩子凭感觉立刻就能发现。

　　对女性而言，不安如影随形，似乎没有停止的一天。不安的想法也像火焰，一旦点燃，就会瞬间燃烧，不断蔓延至其他地方。不安可能以任何想法、任何形式出现，而我们只能不停地判断、评估这个想法，赋予这个想法价值，有时也会因为这个想法而感到自责。在此过程中，各种情绪都可能受到这个想法的牵动。

　　当想法与情绪结合在一起，没能找到出口宣泄时，或自己再也控制不了时，身体必定会出现某种反应。换言之，不安会引发身体各种症状或不适。

当我们心中难以控制的情绪借由身体的症状向外宣泄时，精神上的不安将暂时获得平息。如果是通过身体来缓解自己的精神状态，还算庆幸；问题是，有些母亲企图通过孩子的身体症状，来缓解自己的不安与罪恶感。这句话乍听可能令人无法理解，**不过，孩子（尤其是女儿）与母亲在身体和心理上紧密地联结，所以很多时候，孩子反而比母亲自己更早觉察母亲的状态。**

弗洛伊德曾说，身体症状也是一种语言，所以当我们的身体和孩子的身体发出信号时，必须用心倾听。当身体出现症状，当务之急就是去医院接受诊断，对症状进行处理。除了依靠身体治疗与药物处方，我们还必须倾听这个症状发出的声音。

曾经有个女孩经常被母亲嘲笑长得难看，几年后她出现面部麻痹的症状，连续几年都得承受辛苦的治疗。我们的话语、身体与精神状态，竟能达到如此惊人的同步反应。当然，这可能只是母亲的玩笑话，但我们不知道年幼的孩子会本能地接收什么信息。如果这些话语引起孩子的羞耻心与自卑感，那么这个情绪就可能埋藏在孩子的内心深处，进而引发各种身体症状。

母亲将不安投射在孩子的身体症状上

小婷在怀孕期间深受巨大压力的困扰。她对于自己没能处理好压力而深感自责。在孩子出生后，她也总是生活在不安中，担心孩子有个三长两短。早产儿常患有胎毒等皮炎症状，而小婷却总担心是自己害得孩子皮肤过敏。在孩子满周岁前，小婷经常带着孩子四处看皮肤科、儿科等门诊，询问医生原因，医生也说是季节性湿疹或新生儿皮炎，不是过敏。尽管如此，小婷仍不肯轻易相信医生的诊断。

"你知道我承受了多大的压力吗？如果是过敏该怎么办？"

不论医生怎么否定，小婷的不安也无法平息。一年多来辗转于各家医院，最后在某家医院证实为过敏，小婷才肯罢休。据说，那时小婷的丈夫说了一句话：

"让孩子过敏你才甘心吗？真是的！"

接下来的事情更令人惊讶。在孩子被证实为过敏后，小婷的心情竟感到无比轻松。之前许多医生说不是过敏时，小婷都以"不可能"回应，而在听到某位医生说孩子可能是过敏时，她的不安感立刻消失。可以说，小婷感性上的不安超过了专家理性的判断。

"我就知道，果然是这样。既然医生都这样诊断了，接下来只要拿医院开的软膏和乳液涂抹就可以了吧！"

过了一段时间，孩子的过敏症状消失得无影无踪。原因之一也在于得到医生的过敏诊断后，小婷便不再关注孩子的皮肤问题了。

从小婷试图通过孩子的症状缓解不安与罪恶感的案例，不难发现我们内在与潜意识的执拗。由于怀孕期间压力极大，没能养好胎，小婷产后非常担心孩子会出现什么问题，直到医生诊断是过敏症状，才放下心中的石头。**这是因为母亲将自身的不安，投射在孩子的身体症状上，而这一切皆是由母亲的不安引起的。**

如果孕妇凡事只往好的方向想，当然是最好的，问题是事事岂能尽如人意？职场妈妈有其必须承受的压力，即使是全职妈妈，在各种复杂的关系中，也不可能凡事只往好的方向想。母亲之于孩子虽然是绝对的存在，但若因此认为"孩子的一切都是来自我"，这就是非常危险的想法了。小婷的压力与婆家有关，她也对自己因为压力而没有养好胎感到自责，不过经过深入分析后，严格来说，是小婷利用孩子过敏的症状，为自己对婆家的愤怒和不满进行宣泄。

罪恶感也可能带来负面影响。小婷的罪恶感不仅仅源于怀孕期间所承受的压力,身为母亲,她有时也会对自己产生莫名其妙的罪恶感或羞耻心。而这些存在于我们体内,却未被意识到的最根本的不安,正通过身体的各种症状表现出来。这些情绪,有时也会通过照顾孩子的行为来抵消。

如果孩子常常患有各种各样从不间断的疾病,母亲就必须特别留意,因为母亲可能借由忙着治疗孩子的身体症状,来逃避自己心理上的不安。**如果母亲没有认清自己内心的不安,孩子可能就会永远带着这些身体症状生活下去。**

由不安联结在一起的母女

在育儿的初期阶段,有些孩子在与母亲分离时,表现出极度强烈的不安。这种症状被称为"分离焦虑",一般认为是孩子无法接受与母亲的分离。不过,如果母亲在将孩子送到托儿所或幼儿园时,自己并未感到不安,那么孩子反倒更容易适应;如果母亲认为"我的孩子不能没有妈妈陪伴",在这种情况下,比起孩子的不安,更应该优先观察母亲内心是否存在某种不安。

即使母亲心中的不安没有表现出来，可情绪上的不安，孩子凭感觉立刻就能发现。此时母亲心中的不安，也可以广义地解释为女性的不安。这份不安与其说是母亲想抓住对孩子的爱恋，不如说是母亲身为一名女性，对从幼儿期、儿童期乃至今日所经历的各种失去的担心与焦虑。

女性恋爱时最容易产生的不安，是"担心我所爱的人离开我"，这并不是伴侣实际造成的不安，更可能是来自女性内心深处最根本的对自己存在的匮乏。**即使结婚后，进入家庭这个相对稳定的框架内，女性的不安也无法得到解决，甚至会以孩子的分离焦虑等现象重新出现。**

孩子与母亲分离的过程尽管困难重重，但多数孩子都能适应。如果有孩子特别不想和妈妈分开，并为此哭闹不止，那么有个问题务必优先考虑，那就是母亲自己内在的不安。我曾经听一位老师说过，小学低年级的女孩在学校经常担心妈妈。妈妈担心孩子，孩子也担心妈妈。母亲和孩子由不安而建立起紧密的关系，并且努力维持着对彼此的依恋，形影不离。

虽然没被爱过，
但也能爱他人

孩子不惜放弃自己，
也要找一个保护他们安全的人。

　　发生在孩子身上的问题，不能全部怪罪于母亲。尽管如此，母亲仍是孩子的一切。

　　如果母亲付出努力想成为好母亲，只是为了营造出"好母亲"的形象，而不是为了和孩子建立真正良好的关系，那么亲子关系终将被"好母亲"的形象所摧毁。**因为孩子需要的不是"好母亲"，而是专属于自己的母亲。**母亲经常对没扮演好孩子的母亲这个角色而感到自责，却又会在某个时刻强迫自己努力扮演好这个角色。

　　母亲需要仔细觉察，自己的努力究竟是为了"建立自认为的'好母亲'形象，还是真正想和孩子进行情绪上的沟通"。无论母亲的人品多么完美，多么愿意为所有人奉献，只要孩子感受不到和母亲独特的联结，母亲在孩子的心中就等同于缺席。缺乏和母亲真实接触的经验，将使孩子内心感到空虚，只能转而不断追求其他目标。

对孩子而言，母亲是照耀自己唯一的光，是绝对的存在。孩了想知道母亲关注的焦点，并且让自己追随这个焦点。尤其是女儿更常常追随母亲的目光，因此有时讨厌父亲，有时害怕父亲，也有时深爱父亲。换言之，孩子通过母亲的目光去认识世界，看见形形色色的人。

为了得到母亲的爱而放弃自己

有些母亲对待儿子，用"因为是男孩"而理解体谅他；然而，当同样的问题发生在女儿身上时，却会提出极其苛刻的要求。例如，女儿若表现出一点儿粗鲁无礼，母亲就会立刻表现出难以置信的态度；或是平时总是想方设法地让女儿知道自己为她付出了多少努力。这样的母亲，只是以爱为借口滥用权力。她们甚至在无形中告诉孩子，如果不肯服从拥有权力的人，以后有可能被淘汰，由此在孩子心中埋下不安的种子。

当我们谈到母亲和孩子形成稳定的依恋关系，意思是让孩子相信，无论自己做了什么，母亲都不会因此逃避或排斥自己。 然而，一旦这份信任开始动摇，孩子的内心就会被恐惧占据，并且为了赢得母亲的关爱而变得百依百顺。如果母亲此时无法同理孩子的状态，并给予保护，孩子最终将会为这段不稳定的关系付出代价。

孩子虽然在生活上处处依赖母亲，不过，当母亲爱护他们、保护他们的力量足够强大，并且愿意成为他们的后盾时，孩子们就能做好面对各种困难的准备。在这个世界上，有太多女性为了得到爱而不惜牺牲自己，甚至连自己已经满身伤痕都不自知，在这些女性的内心深处，都有自己母亲的影子。

有些人即使长大成人，内心仍尚未成熟，只要有人信赖自己，便一副愿意为对方赴汤蹈火、在所不惜的样子。也有的女性在跟异性交往时，会奋不顾身地为对方付出，或是纠缠对方，到了匪夷所思的地步。这是因为她们渴望得到某人绝对的保护；反过来说，**也暗示着本该给予她们最多关爱与保护的父母，尤其是母亲，从未给予她们心理**

上或生理上的保护。

　　人们之所以沉迷于宗教，也是相同的原因。所谓宗教，就是永远保护我、爱护我的神所在的地方。德国心理医生斯蒂芬妮·斯塔尔（Stefanie Stahl）解释，存在这种问题的人，"甚至不惜牺牲自己部分的主体性去迎合对方"。尤其是孩子，他们不惜放弃自己，也要找一个保护他们安全的人。因为对孩子而言，安全的保护就是被爱。可惜的是，尽管他们为了被爱而放弃自己，这个牺牲最终并不能换来他们所期待的东西。

孩子用爱来保障母亲的安全

　　在父亲对母亲施暴（言语暴力或肢体暴力）时，出面阻挡父亲、保护母亲的女儿，有时不是对父母让自己陷入恐慌感到愤怒，而是对自己没能保护好母亲的脆弱感到自责。而这些人未来可能会变得与男性过度竞争，或是试图控制、压抑男性。儿时对父亲的恐惧，在长大成人后，可能演变为敌视男性、对男性高度警戒，或是在与男性的竞争中表现出争强好胜的态度。

当孩子的想法从原本"受到保护就是被爱"，转变为"父母需要我的保护"时，孩子对这个世界或他人的信赖将彻底消失。对孩子而言，有一种和关爱需求同等重要的东西，那就是"安全的需求"。我们看似只是在追求关爱，但因为不稳定的关系而面临的冲突与痛苦也不少。

我们不可能像马斯洛的需求层次理论那样，依序向上实现每一个阶段的需求。[1] 即使没能完成某个阶段的课题，仍必须带着匮乏与不圆满向上成长。所以，大多数时候人们会因为安全的需求没有获得满足，而无法尽情去爱他人，去过自由自在的生活。

人们总以为安全感是必须从他人那里获得的保护屏障。然而，需要这道屏障的，是儿时的自己。如今我们不再需要由丈夫或孩子为我们建立屏障，我们自己就是这道屏障。尽管如此，有些母亲依旧渴望他人为自己建立屏障。**明明有能力成为他人的依靠，却依旧无法放弃对爱的渴望，这说明这些人内心依然存在着未被治愈的创伤。**这些错综复杂的不安，不断带来伤痛与挣扎。"什么时候才能不被冷

1　马斯洛的需求层次结构是心理学中的激励理论，从层次结构的底部向上，需求分别为：生理（食物和衣服），安全（工作保障），社交需要（友谊），尊重和自我实现。

落，又该怎么做才好？""有没有办法永远受到呵护？"这些不安化作痛苦，占据了我们的生命，但还是放不下。为了确保安全的关系，即使我们不惜承受痛苦也不愿放弃的东西就是"爱"。

CHAPTER

5

父亲扮演好父亲，
母亲扮演好母亲

——关于母亲的伴侣

育儿需要的是
夫妻间的体谅与协作

真正重要的，
是丈夫在情绪上愿意努力理解妻子，
以及妻子能够体谅丈夫的努力。

　　电影《82 年生的金智英》上映时曾引起巨大反响。当时虽然生活十分忙碌，但我心中仍有非看这部电影不可的使命感。看完这部电影时，我并没有像大众评论所说的那样泪流不止，反倒是在看到一幕幕巨细靡遗地刻画着女性现实生活的场景时，我的情绪变得非常低落。

　　电影将我带回十多年前，生下孩子后专心照顾孩子的那三年，那是一段各种情感和思绪交织的岁月。还记得生产后，我大约有整整一个星期每天以泪洗面。或许有人会做出最简单的判断，认定这就是产后抑郁症；但在心理咨询的过程中，我才发现这些眼泪的意义既不是产后忧郁，也不是荷尔蒙的影响。当时，我看着眼前脆弱的小生命，一方面感到喜悦，一方面又悲伤无比，各种错综复杂的情绪纷纷涌现，只能不停地哭。有时整个人又像是陷入完全丧失动力般的无力和空虚中，如同电影中的金智英，时常呆呆地望向窗外。

这部电影与其说是叙述两性的问题，不如说是聚焦于一个人内在隐秘的痛苦与矛盾。产后的女性，不管是被动的还是自愿的，其存在的意义都是必须主动付出自己的一切。尤其孩子出生后的两三年间，更是母亲必须完全放下自己，将自己奉献给孩子的时期。

对母亲的身体与精神资源予取予求，是孩子理所当然的权利。**即便如此，女性在这段时间，身为母亲所经历的心理孤立、失去感、无力感等情绪中，确实存在着更深层、更复杂的问题，这些问题无法用荷尔蒙影响或产后抑郁症来一概而论。**电影中金智英类似被附身，就是想通过这个症状说出过去想说却被压抑的话、自己的想法，甚至是不敢对婆婆说出的话。这是一部深刻描绘个人细腻情感与状态的电影。

妻子与丈夫真正的需求

　　一整天等待丈夫下班的妻子，难道只是因为照顾孩子太辛苦，才急于把接力棒交给丈夫吗？事实并非如此。妻子的想法不仅仅是"我已经付出了这么多，你也该做到同样的程度""这不是我一个人的孩子，而是我们的孩子""不是你帮我，是我们一起照顾"。即便妻子真的这么说，大多也不知道自己真正要的是什么，只是随口说出这些话。

　　她们所期望的，并不是男性和女性共同分担家事。**因为在这段最无助的时刻，能够与她们持续沟通、帮助她们脱离孤立感的对象，就只有身旁最亲近的丈夫。**然而，正因为丈夫无法满足她们的需求，所以许多女性在这段时间只能高度依赖婆婆。

　　工作一天的丈夫拖着疲惫的身躯回到家，还得面对整天等待自己的妻子和孩子，双方的生活同样令人窒息。最重要的是夫妻彼此对于身为父母而不得不面对的处境有多么深刻的体悟，以及双方是否都有"积极的战友精神"。在电影中，郑大贤是非常贴心、珍惜妻子的男性，金智英身为郑大贤的妻子，算是颇为幸运的。在现实生活中，反而有许多男性在婆媳的战争中，选择疏远妻子或躲在背后默不作声。前来寻求婚姻咨询的丈夫中，也有不少人不愿正视妻子的抱怨与辛劳，甚至告诉妻子："那你出去赚钱，孩子我来照顾。"

就像"谁照顾孩子更多"的问题一样，重点并不在于分担实质性的家务工作。**真正重要的，是丈夫在情绪上努力理解辛苦照顾孩子的妻子，以及妻子能够体谅整天被工作压得喘不过气、回家后仍尽可能地努力照顾孩子的丈夫。**

回想起我刚踏进婚姻，并且与丈夫在攻读学位期间生下孩子，过着忙于照顾孩子的婚姻生活。某天，丈夫和同学参加完聚会，顺道去棒球场，直到凌晨才回家。那天我从早上就被无力感和孤立感包围，特别难受，因为等丈夫回家等到累了，便和孩子一起沉沉地睡去。直到丈夫回家后，我说了句"今天等你等得好累"，便又抱着孩子继续躺下。

岂料原本低头看着孩子和我的丈夫，竟然哭了起来。他轻轻地抚摸着我的头，说一想到妻子整天眼神空洞地抱着孩子，等待自己回家，就觉得羞愧得无地自容，感到非常抱歉。当时，不只丈夫哭了，转身躺下的我也跟着哭了，心里想着："过去丈夫和我面对各种困难，都能顺利克服，如今为了照顾这个小小的生命，却过得这么辛苦！一想到未来还要继续照顾这个小家伙，心中只有茫然和恐惧。"

通常留在人们记忆中的，不是"某人有多照顾我，愿意和我一起努力"，而是"某人有多努力试着理解我的痛苦和无力感"。尽管在此之后，我仍不时会与丈夫发生冲突，但因为我相信丈夫当时的抚慰与真诚的泪水，所以能与丈夫并肩走下去。当然，丈夫那时候尚在酒醉状态，也可能是因为自己感到委屈而痛哭吧！

怀疑与困惑将引领我们探寻新的人生

产后两三年，是女性心理上最孤立、最忧郁的时期。一般认为女性生下孩子后，面对孩子，心中只有满满的感恩与祝福，期盼孩子幸福长大；然而，如此完美的形象，不过是社会建构出的幻想。并不是说在社会中，只有女性深受其害；而是女性与男性的心理构造天生不同，而这样的不同加上亚洲国家独特的传统文化氛围，催生了不少受害者。

对产后怀疑自己罹患忧郁症的女性，说"这一切都是荷尔蒙的影响，只要吃药就能轻松改善症状"，这应该是最不负责任的一句话了。母亲一天二十四小时，没有一分一秒能好好照料自己，必须全心全意地照顾另一个小生命，她们在精神或肉体上必定承受着难以形容的窒息感，即便是照顾自己的孩子也一样。事实上，许多来到咨询室的母亲，都是因为失去了自我而感到迷失，感到莫名的恐惧和不安。

这个社会将母性视为女性生而为人的必要条件，把"女人就应该……"的各种条件强加在女性形象上，并且利用这些形象区分女性。男性也是如此，试想男性背负着多少"男人就应该……"的形象和社会期待，又有多少男性因此没有意识到自己正在被掏空，而继续出卖灵魂给公司？甚至不知道自己已经感到忧郁，而只是沉迷于游戏和棒球重播。

无论是男性还是女性，一旦被某个人排挤，或者不被某个形象所接受，当事人终究逃不了沦为弱者、受害者的命运。为什么我们从未怀疑"女性——母亲应该要这样""男性——父亲应该要那样"这样的设定？我们不应该试着怀疑某人赋予我的角色、社会建构的形象，并对此感到困惑吗？当我们急于迎合这些角色和形象，内心却依然感到混乱不堪时，不该好好想想究竟那是不是我想要的吗？别人对我的要求，也是我自己真正的渴望吗？

怀疑与困惑将引领我们探寻新的人生道路。在矛盾与空虚中，深刻的质疑将会引领我们学会真正做自己。

丈夫的缺点，
如何成为刺向女儿的匕首

母亲常常对女儿吐露
对丈夫的抱怨与悔恨，而非儿子。

你以为的父亲形象是什么样子的呢？你所熟知的父亲是自己的父亲，还是母亲的丈夫？

母亲的话语、态度和非语言的信息，有时会阻碍父亲与女儿的关系，破坏女儿心中的父亲形象。**许多女儿记忆中的父亲，并非自己的父亲，而是母亲的丈夫。**不少女性在咨询室中，可以笑着诉说自己过得有多辛苦，然而一提到母亲便会流下泪水。因为想到母亲就觉得她的人生可怜和痛苦，对母亲万般同情，不禁哽咽着流下眼泪。

我曾经听过一个有趣的故事。从前有一对父子，从儿子年幼时，父子俩便互相看不顺眼，整天争吵不停。在儿子迈入三十岁的某天，父亲和母亲发生了严重的口角，随后母亲离家出走一个星期。起初，单独留在家中的父子俩非常尴尬，后来因为不得已一起吃饭，两人便逐渐聊了起来。儿子第一次得知父亲过去说不出口的烦恼，也理解了父亲，父亲也知道了儿子过去的辛苦。虽然不像戏剧般的和解，但至少是一次了解彼此的机会。母亲的短暂离开，意外化解了父子间的矛盾。之后，每当父亲和母亲争吵时，儿子总会后退一步，与之前总是站在母亲这边，只为母亲着想的行为模式完全不同。

"调解人"母亲的违规

这则故事不只在某个特定的家庭中上演，在我们生活周遭也经常可以看见。在父权至上的家庭中，母亲在父亲与孩子之间经常扮演着调解人的角色。我小时候也不习惯对父亲有话直说，通常都是先告诉母亲，母亲告诉父亲后，再将父亲的意见转达给我。

而父亲往往也不知道该如何和子女维持良好关系，所以选择了最简单的方式。他们通过妻子传话，间接与孩子建立关系，出现较复杂的问题时，则让孩子直接对母亲说，不动声色地将问题抛出来。母亲此时别急着站出来为父亲和孩子调解，而应当退出这样的角色，让他们有面对面解决冲突的能力。**无论是负面还是正面的问题，孩子都不应该通过母亲传话间接与父亲接触，而应该由双方直接面对。**

有趣的是，当孩子与父亲建立关系，维持良好的沟通时，有些母亲却会隐隐感到不满。这使她们潜意识中担心自己在家中的地位会因此受到动摇，担心自己在父子之间的存在感被削弱。**当母亲对丈夫的不满较为强烈时，问题会更加严重。因为母亲的话语、行为和目光等，都会给孩子带来最直接的影响。**

女儿通常会选择和父亲同类型的男人结婚，换言之，女儿选择了母亲心中理想的男人作为自己的丈夫。在心理咨询的过程中，总能发现有些男性可能不是妻子理想的丈夫，却是个不错的父亲。尽管母亲与父亲的问题必须由当事人来解决，但仍有许多女儿将这个问题视为自己的问题。奇怪的是，在这种情况下，儿子不是完全站在母亲那边，就是被完全排除在外，这也是由母亲的态度决定的。

母亲是孩子接触的第一个对象，也是绝对存在的对象。

无论是好母亲，还是坏母亲，都不例外。**母亲对父亲的不满，不仅将女儿心中父亲的位置抹去，最终也将介入女儿未来与男性的关系。**母亲常常对女儿吐露对丈夫的抱怨与悔恨，而非儿子，原因为何？当然是因为女儿比儿子更愿意站在母亲这边。

"原来你站在爸爸那边！"

有些母亲觉得自己一生在牺牲和痛苦中度过，不禁对自己的人生感到悲哀，不断对女儿发永无止境的牢骚："天下的男人都一样，没有哪个男人的话可以相信。"已经长大成人的女儿，即使遇见真正优秀的男人，过上幸福的生活，也会因为这番话而产生怀疑，并寻找可疑的证据。即便正和男友或丈夫共度惬意的时光，她们也无法享受其中，而是不断怀疑："他会不会也有问题？"只要发现一点点不合理的征兆，心中便立刻出现这样的想法："果然是那样的吗？这个男人也是？"甚至最后断定对方："我就知道，你也一样！"

面对这种状况，不能只用一句"母亲的话语塑造了女儿内在的信念"来简单说明。因为母亲的话，犹如暗示女儿，无论遇见什么样的男人，都不能获得幸福。

"原来你站在爸爸那边！你只知道你自己！"

当女儿不再向母亲敞开心扉时，便能经常听见母亲这么说。她们无论与母亲对话或争吵，最后只剩下满满的无力感和窒息感。母亲的结论似乎都是如此："既然你站在爸爸那边，就不可能理解妈妈；既然你不能体谅妈妈，所以就是坏女儿。"母亲的这种沟通模式，无异于认定女儿已毫无用处，索性强行结束双方的矛盾。

为什么就不能站在爸爸那边？从女儿的立场来看，父亲和母亲都是与自己骨肉相连的人；然而在现实生活中，父母却总是任意要求子女选边站队。正如前面案例所见，不顾选边站队会对孩子造成何种影响的母亲，仔细分析她们所说的话，不难发现她们心里只有自己。**一句"原来你站在爸爸那边"，不但束缚住女儿，也将自己置于弱者、受害者的位置上。**

孩子既无法站在父亲那边，也无法站在母亲那边，然而真正的问题在于，夫妻间的争吵或矛盾总是让孩子牺牲，非得让孩子选边站队。无论是唆使孩子改变丈夫的妻子，还是将扮演妻子情感支柱的角色转嫁到女儿身上、再悄悄抽离的丈夫，都是一样的。母亲将女儿当作情绪垃圾桶，不停倾诉丈夫的缺点，其实不只是让女儿接受情绪而已，更有可能让女儿日后在与男性建立正常关系时，困难重重。虽然没有必要在孩子面前美化父亲，但如果母亲非要抹去孩子心中父亲的角色，或是将父亲塑造成加害者、坏人的形象，那么因此受到最大伤害并付出代价的人，不是丈夫而是孩子。

母亲隐藏话语的暗示

"都是因为你，我才没和你爸爸离婚。"相信不少人从小听着母亲的这句话长大。母亲们是否曾试着了解这句话有多大的杀伤力？对于子女，这句话的意思不仅是"妈妈为你们牺牲，所以你们不可以像爸爸一样让我难过，要对我更好"，也隐含了"如果你们对我不好，总有一天我会离婚，丢下你们，你们自己看着办"的信息。**孩子们担心自己不小心犯错，可能会使爸爸、妈妈离婚，只好时时刻刻对母亲察言观色，努力不离开母亲的视线。**

身为母亲，必须仔细反省自己所说的话。在这些话语中，隐藏着渴望与需求，也隐藏着期待与欲望。如果我们正过着相对正常的生活，代表我们已经顺利从没有语言的幼儿期、只有身体与感受的世界，进入了语言的世界；如果精神状态依旧停留在语言启蒙前的世界，就容易出现精神分裂等心理症状。

顺利进入语言的世界，也代表我们受到语言极大的支配。语言与人类的身体、精神是不可分离的。其中对孩子具有绝对影响力的，正是"母亲的话语"，以及隐藏在话语中有意或无意的含义。

从孩子的发展阶段来看，在经过母子紧密相连的婴儿期后，语言开始进入孩子的大脑中，之后在语言的钳制下，孩子的潜意识逐渐形成。**对孩子而言，"绝对者"母亲所说的话，不仅在孩子的意识表层形成某种信念，甚至也影响意识深处，形成无法理解的暗示与冲动。**

填补父亲缺席的方法

如果母亲没有象征性地对失去丈夫表现出悲伤，
子女将代替母亲扛起思念父亲的责任。

  一名患有恐惧症的女性患者，夜晚关灯后无法入睡。虽然她已经年届四十，但一个人关灯睡觉时，总觉得会有鬼出现。长久以来她深受这种恐惧困扰。对她而言，鬼是什么样的存在呢?

  她所想象的鬼，可能与我们一般熟知、想象的鬼不同。她心中有一个鬼的形象。或许有人会认为，她不过是害怕黑暗，但我们必须站在她个人的角度，尝试去理解为什么当她一个人处在黑暗中，会担心鬼怪出现，甚至到了无法停止想象的程度。除了恐惧症外，她也一直生活在窃贼可能随时侵入单身女性房间的恐惧中，因此一直疾病缠身。

在她出生时，父亲已经不在人世。她辗转听闻到的父
亲是个不负责的男人，生前几乎不曾待在妻子身旁，留下
四个年幼的孩子便撒手人寰。母亲独自抚养四个子女长大，
她的艰苦想必无法用语言来形容。然而，母亲的表现却是
如此泰然自若，想必是她身为人母的刚强，不愿被生活的
重担压垮。

达里安·利德在《人为什么会生病？》中说道："如果
母亲没有象征性地对失去丈夫表现出悲伤，子女将代替母
亲扛起思念父亲的责任。"换言之，**母亲不断逃避丈夫缺席
的事实，会在无形中将这些情绪、悲伤和恐惧的重担，转
嫁给子女，尤其是与母亲关系最亲密的女儿身上。**如果母
亲即使批评那样的丈夫，也依然扮演好自己的角色，守护
好孩子心理的屏障，或许孩子就不会出现恐惧的症状，甚
至忘不了父亲。

父亲是理性和权威的象征

对孩子而言，父亲的地位与象征性，能创造出一个拥
有法律、秩序与限制的内在屏障，而这与父亲是否真实存

在无关。这道屏障除了控制之外，当然也发挥了安全与保护的功能。我们不妨用"逻各斯"来理解父亲的象征性。逻各斯，是欧洲古代和中世纪常用的哲学概念。一般指世界的可理解的一切规律，因而也有语言或"理性"的意义。

当语言开始进入孩子的生活，这也代表原本只懂得享受快乐的孩子正式进入了不能再追求快乐与冲动的禁忌阶段。在我们所有人的内在中，都存在着逻各斯。荣格心理学所说的男性形象——阿尼玛斯，正是逻各斯。根据荣格的主张，女性的内在也存在男性形象的逻各斯。

我们将神称为"天父"，它并非生理上的男性，而是象征意义上的逻各斯。天父这个象征性的存在，犹如提示法律与秩序、标准与规则的逻各斯。因此，即使父亲并非真正存在，在母亲的话语中，仍同样隐含着父亲的权威；反之，即使父亲真实存在，如未能发挥父亲的功能，子女也同样会面临父亲的缺席。

恐惧的来源——缺席的父亲

母亲失去丈夫的痛苦，以及母亲独留人间的恐惧与怨恨，犹如鬼魅般纠缠着女儿，将她吞噬殆尽。尽管父亲已经不在了，然而通过母亲所认识到的父亲，却是一个有外遇的负心汉。丈夫的背叛与缺席，带给自己沉重的打击，却仍得咬牙苦撑，母亲以前的这种阴影如今完全笼罩着女儿的人生。于是，女儿将自己与母亲画上等号，从此活在担心得不到丈夫保护的恐惧、痛苦与匮乏中。

对她而言，在与母亲的关系中尽管也有怨恨，至少母女二人仍有接触，然而父亲的位置却留下了"可怕的空白"。她完全没有意识到自己正借由恐惧症，反复证明父亲的缺席，并对自己呼喊需要父亲的保护。换言之，她不是因为父亲的缺席而引发恐惧症，而是试图借由恐惧症与父亲产生联结。在意识层面，恐惧症使她备受折磨；而在潜意识中，她却无法轻易放弃恐惧症（父亲）。

不过，并非所有恐惧症都归因于父亲的缺席。在精神分析的观点中，任何"泛化"都不被认可。因为每个人的历史都犹如一串密码，必须完全理解该个体的特殊之处，才能解开这个密码。

去精神科门诊求助，也许可以获得缓解恐惧症的药物，但是站在心理分析的立场来看，药物只是消除了她潜意识中想借由症状留下的父亲。重要的是，她想通过这个症状表达信息，而非症状本身。**她必须在有意识时觉察自己需要父亲，以及自己用尽任何方法都想找回父亲、与父亲在一起，才能避免日后继续利用恐惧症。**即使药物成功缓解了症状，想必她的父亲依然会以其他方式出现！

通过身心症状与父亲联结的情况，在女性身上有许多不同的表现。例如，无法接受父亲罹病去世的女儿，一头埋入医学资料中，长时间阅读与日常生活没有直接关联的医学知识，简直到了让人无法理解的程度；也有的女儿在父亲死后，借着照顾母亲的名义与外界断绝联系，陪着母亲一起守着父亲曾经的位置而不肯离去；甚至有的女儿将母亲的存在当成空气，在父亲身旁扮演起妻子、女儿的角色，完全放弃自己的人生。

孩子渴望成为"值得信赖的大人"

无数的男性即使拥有社会地位与学识，却在家庭中未能发挥"身为理性的父亲"的功能。尽管他们在社会上功成名就，或在经济上达到令他人羡慕的程度，然而作为父亲，他们身上却没有孩子可以依赖的因素，也不足以提供孩子能遵守的规范，这是非常不幸的。

几年前，首尔佛教大学心理咨询中心曾针对首尔衿川区逃学、离家出走的青少年实施援助计划，我曾经从指导教授那里辗转得知计划结果。据说，这些青少年共同的梦想，并非在经济上变得富裕或过得幸福，而是"想要成为一个值得信赖的大人"。这个结果令人惊讶，也令人感到羞愧。专攻人类心理、研究精神分析的我，原本也认为学习能力低下与经济弱势的孩子，理所当然梦想着经济上的富裕和安逸，但这仅仅是我的偏见。所有人类内在的需求与洞察力是如此超乎想象，无论在任何状况或背景下都是如此。

前面提过，"身为理性的父亲"并不是指性别上的男性。如果生理男性在家庭中无法扮演好这个功能，孩子将在成长过程中，对此怀抱着不满、惋惜与责难。然而，这是母亲也能胜任的工作。**孩子们期盼在茫然而无所适从时，能有一位带领自己一步步前进、不迷失方向的大人。这个大人不必是多么厉害、伟大的人，而是值得信赖、能真诚相待的大人。**

母亲得体退出，
父亲适时介入

要将父亲放入母亲与孩子的关系中，
必须先有母亲的邀请与退让。

　　一位三十多岁的女性，梦见自己在一夜之间全身被换血。在与来访者探讨梦境的过程中，我发现她的内心深处存在根深蒂固的羞耻感，而这个羞耻感源于父亲。父亲在象征意义上是我们的根源，在社会意义上指的是身份。而这名来访者尽管在社会上从事人人称羡的专业工作，而内在却受到羞耻感的折磨，甚至想借由梦境换掉自己体内流淌的所有血液，想彻底拔除自己的根。这是因为她渴望能有个为自己加分的父亲，同时也以现实人生中的父亲为耻。

　　为何在她的心中，会存在着这种看不见的血统阶级

呢？这个现象只发生在她一个人身上吗？尽管她比任何人
都要努力，也对自己的生活感到相当满意，然而这个扎根
于潜意识深处对优良血统的欲望，却无止境地膨胀，并一
再束缚着她。这可能是父母与社会文化造成的结果，而她
也可能是父权社会下的牺牲品。

每个妈妈都想打造完美无缺的孩子

接下来，我想谈谈曾经在韩国引起话题的韩剧《天空
之城》。剧中韩书珍的女儿姜艺瑞，虽然沦为母亲欲望下的
活祭品，却也和母亲形成紧密的共谋关系。她将母亲的欲
望视为自己的欲望，试图以此实现自我。韩书珍用尽办法
摆脱身份，想要打造出一个完美无缺的孩子。这对企图通
过完美的孩子来满足自身匮乏、欲望的母亲与女儿，毫无
保留地展现出对纯正血统的自满与傲慢。韩书珍的欲望继
承自婆婆的欲望，并与之紧密结合，又由女儿姜艺瑞继承，
形成一脉相传的传承。在韩书珍的台词中，有一句话我认
为特别有意义：

"只有这样，我的孩子至少还能过得跟我一样！"

这里"跟我一样"的标准是什么？这个标准正是他人的目光。然而问题在于，她自己的人生被彻底冷落并充满不安，与她在别人眼中高尚端庄的模样大不相同。

此外，我曾读过一篇针对这部韩剧所写的文章。内容主要批评教育部眼见这部连续剧如此热门，却依然无动于衷，有失职之嫌。虽然完全能理解记者的心情，但并非大声疾呼改革，社会结构就会发生变化的。制度和结构确实需要改进，但即使改变韩国的社会结构，不断调整制度，母亲们的欲望仍然不会消失。如果不去发掘在这些结构背后流淌着的人类欲望，并努力了解自己的欲望，那么无论如何改革也无济于事。母性中气势逼人的欲望，毫无疑问能穿透任何结构。个人和结构的问题就像莫比乌斯环一般紧密相关，无法分开来谈。

母亲和孩子难分难舍的关系

与父母们进行咨询时，经常听见他们这么说：

"我都是爱孩子才这样做的。"

"我才不是那么极端的妈妈。"

"像我这样的妈妈大概找不到了吧。跟别人的妈妈比起来，我……"

她们是否想过，自己可能就是"别人家的妈妈"。剧中的韩书珍，反倒更真诚地面对自己的欲望。如果像她一样赤裸裸地表现自己的欲望，孩子的选择则会更简单一些：或者接受那样的母亲，像姜艺瑞一样跟母亲站在同一阵线上，或者走上完全不同的道路。

但是，许多母亲内心分明有着无穷无尽的欲望，对外却极力否认、自欺欺人。身为这种母亲的孩子，必然经历着内在的分裂。这不仅限于学习方面，母亲的欲望和孩子之间有着千丝万缕的关联。母亲经常在潜意识中将自己的欲望投射在孩子身上，悄悄将责任丢给孩子。之后出了问题，母亲总会这么说：

"这不是你要的吗？你之前说好的啊！"

事情若发展至此，孩子将彻底迷失方向。**身为母亲，就算无法自我探索或诚实地面对自己，至少也应该觉察自己。**

在母亲与孩子如此紧密的双人关系中，或者说在以母亲的欲望为媒介彻底联结的亲子关系中，《天空之城》剧中的父亲被完全排除在外。在心理分析的过程中，这个现象是非常重要的线索。当父亲完全无法介入母亲和孩子紧密的双人关系时，孩子将面临各种精神上的困惑。换言之，剧中姜艺瑞展现的，不只是巨大的压迫与压力造成的怪异行为、不安及强迫症。当母亲的欲望粗暴地吞噬孩子，并且失去自我控制的力量时，代价必定是孩子表现出心理异常现象。

父亲并不一定要真正陪在身旁，只要有象征父亲的声音或角色介入，就能为母亲与孩子的关系带来平衡，向孩子传递更健康的精神状态。然而，像姜艺瑞父亲那样，尽管真实存在，但在母亲与孩子的关系中却不存在，在我们身边这样的例子不计其数。也有不少父亲认为，自己只要担负起经济上的责任，就算是尽到了身为父亲的义务。而且，仅凭自己的力量，父亲是无法将自己放入母亲与孩子的关系中的，因为必须先有母亲的邀请与退让。

寻找父亲的位置

在许多家庭中，父亲并未积极介入母亲与孩子的关系，反倒会主动疏远，甚至独自享受这种独自一人的清静；偶尔想起，才突然追问孩子在这段时间做了些什么。有些父亲甚至从不管孩子，他不愿与孩子、妻子建立对等的关系，只想躲入妻子的保护伞下。这些情况都会让孩子面临混乱，使他们感到不安。当孩子因为与母亲的关系过于紧密，而无法在心中保留父亲的位置，或者被迫成为母亲实现欲望的对象时，孩子将会陷入想象中的恐惧，担心自己是否会遭遇如梅兰妮·克莱因所说的"被母亲吞噬、撕咬"。

一位女大学生曾找我咨询，她不断梦见母亲想杀害自己，有时是直接杀害，有时则以象征的方式。每当此时，她总是期盼父亲能出面拯救自己，然而父亲不只无法保护自己，还袖手旁观。

第一次见面时，她看似处于精神分裂的边缘。女大学生的母亲实际上是个不错的母亲，只是母女间的关系过于紧密，使她觉得母亲带给自己极大的压迫感，甚至将母亲的形象投射在咨询师身上，误以为我也有意攻击她。她时常对咨询师发泄愤怒，前言不搭后语，思绪混乱，认为全世界的人都在攻击自己、折磨自己。心理咨询通常最长为三年左右，而这位女大学生的咨询却持续了五年。听说她后来虽然没有完全复原，但是已经能很好地适应职场，过着正常的生活。

为了让父亲找到自己的位置，或者让父亲的声音、名字找到属于自己的位置，母亲必须懂得适时退出；而要让母亲适时退出，最终仍得回到夫妻之间的关系上。

原则上，我不认为夫妻一定要过着和睦相处的理想生活，现实生活中也确实如此。当有了小孩后，夫妻就必须走出只有两个人的关系，观察双方正在营造什么样的家庭氛围，目前又处在什么样的阶段。换言之，**没有必要为了孩子特意营造和谐的夫妻关系，否则最终只会想从孩子身上得到其他回报。**

当然，夫妻生活在同一屋檐下，又必须养育子女，至少彼此间应当保持基本的信赖，敞开心扉地对话。唯有如此，孩子才不必背负父母为维持关系而付出代价的责任。此外，夫妻间也应该懂得认清对彼此的需求，并判断自己是否因此感到满意或挫败，只有这样，才能避免将这样的代价转嫁到孩子身上。

父亲扮演好父亲，
母亲扮演好母亲

所谓好的父母，
虽然给予子女足够的陪伴，
实际上对子女而言却是无能的父母。

　　如今父亲在家庭中的角色与地位，确实与过去颇为不同，不过他们的态度依然没有太大的改变。有些丈夫只关心自己与妻子的关系，对妻子而言，有了孩子后，情况肯定变得更为困难。因为丈夫对妻子有所不满或气愤时，并不会直接在妻子面前表现出来，而是选择迂回地将情绪宣泄在孩子身上。表面上看，夫妻间并没有矛盾或不合，但孩子却因此沦为父亲的情绪垃圾桶，并因为找不到自己的定位而感到恐惧不安。

最受欢迎的父母，是像朋友般亲近的父母。许多女儿羡慕有那种父母的家庭，我虽然能理解，但并不认同。或许我们可以这样安慰自己：原本在父权社会下受到压迫的关系，如今总算可以变成更弹性、更自由的关系。而在这样的家庭中长大的孩子，也可能被认为得到了更多关爱，会更加幸福。这或许是像朋友一样的双亲形象所营造出的幸福感。

但是我认为，**父亲只要接受自己的地位，扮演好父亲，母亲只要接受自己的地位，扮演好母亲，就是最理想的状态**。这里指的并非权力者的地位，而是指能接受各自地位的不同，以及因不同地位所发挥的不同功能。在父母各司其职与合作下，孩子才能一步步找到自己的定位，并塑造自己。在每个人心中，都拥有渴望探索自我定位的冲动，重点是不受到父母的干涉。

身体长大，内心却还是孩子的父母

一个儿时在过度匮乏中成长的男性，婚后对孩子的需求有求必应，甚至满足超出孩子的需要。当事人也许知道那只是为了弥补自己过去的匮乏，并竭力掩饰。其实过度提供超出孩子需求的满足，这种行为背后不只有父母想弥补自己的欲望，还隐藏着某种潜意识的意图。例如，想通过大量满足的行为来赢得孩子的好感与喜好，以及想借此与孩子建立良好的关系，无意识地企图将未能满足孩子需求的另一半排除在外。孩子此时并非获得父母的好处，反倒是处于必须付出某些代价（即认同父亲或母亲）的处境中。

人类意识与潜意识的结构，由相当丰富的层次和复杂的欲望组成，因此，用浅薄的知识判断陌生人，或是用轻率的解释误读自己与他人，都是相当危险的。地位被调换的孩子该怎么办呢？只能逼自己长大。然而，丧失自我定位的孩子，又能在哪里重新找回自我？

长大成人的女儿，为了照顾好父母，通常没有意识到当下过的并不是自己想要的生活。其中包含不少现实的原因与责任。例如，父母年事已大；或者自己没有结婚的打算；又或者因为经济上的原因与丈夫分居，必须将孩子交给娘家照顾，自己外出工作，才能给予父母金钱上的援助等。

在这些原因背后，隐藏着一股与父母有关的力量。父母的关系与态度，会对我们造成远比我们觉察到的更深层、更大的影响。在这种环境下成长，自己真正渴望的东西，自己真正讨厌的东西，都会变得模糊不清。每当此时，我们总会用各种借口说服自己，停止这场混乱和矛盾。

于是，这些女儿长大成人后，依然耗费大量时间与精力扮演父母眼中的好女儿，结果却和自己的孩子建立起姐妹或姐弟的关系，而非真正的母亲。在许多与父母仍维持紧密关系的人中，有不少人依然停留在孩子的位置上。

换言之，他们在生理上已经结婚且为人父母，但心理上却与自己的子女站在相同的位置。部分在经济上仍依赖父母的成人子女，虽然享受了物质上的安逸，代价却是成为父母精神上依赖的对象。更严格来说，他们与父母依然维持共生的关系，然而他们的孩子会为此付出的心理代价，甚至可能是放弃自己原本的人生。

好的父母是"无能"的父母

对年轻人进行咨询时，有时也会见到他们的父母。然而，这些父母的态度却与我进行儿童咨询时遇见的年轻父母相差不大。与家长面谈时，他们言语中几乎都是对子女的过度不安，或是站在父母立场上偏颇的想法与判断，毫无例外。**父母对子女的状况过度紧张，通常被当成是对子女的现状或未来感到忧心，但本质上，其实是父母内在的焦虑。**

如果父母心里对子女存在过多的想象与理想，孩子将难以觉察自己该何去何从，又正往什么方向前行。简单来说，好的父母虽然给予子女足够的陪伴，实际上对子女而言却是无能的父母。**"无能"在这里说的并非现实生活中的无能，这些父母尽管自己过着精彩的人生，也给予孩子无限的关爱和机会，态度却是"我对你的人生无权干涉"，以无为的态度，让孩子活得更加多姿多彩。**

但在现实生活中，却有更多相反的例子。得不到独立思考空间的孩子，日后不是继续依赖父母，就是尽一切努力想要讨好父母。与其思考孩子的未来如何发展，该如何规划孩子的未来，还不如将时间用在陪伴孩子，这将会带来更大的帮助。换言之，比起将自己的不安投射在对孩子未来的担忧上，不如反问自己："我自己的人生和状态都还好吗？"这才是更有效果的。也许，不少父母会这么说：

"谁不想那么做呢？只是情况不允许我们忽视教育和社会现实啊！"

真的是因为那样吗？我想再问一次，是真的了解现实情况，所以才这么做吗？是因为自己深刻经历过教育与社会现实，还是只想用大家听起来都会认同的原因，来逃避面对自己真正的需求和欲望呢？

CHAPTER

6

放下母亲的身份，
活出自我

——关于母亲的疗愈

接受孩子走出自己的怀抱，
才能更好地活下去

不必装作若无其事的样子。
不那么顺遂又如何？过得不好也没关系。

　　在女儿进入青春期的那段时间，我发现自己经常翻看女儿年幼时的照片，想再次感受她当时惹人怜爱的模样。替孩子选购衣服时，也会不知不觉拿起比实际尺寸小一号的衣服，然后才猛然惊觉："唉，原来我正经历着所谓的失落啊……"

　　女儿成长的速度比同龄孩子快，随着身体发育成熟，也逐渐摆脱稚气的模样，原本脸上可爱、撒娇的笑容逐渐消失，取而代之的是冷淡与漠然。种种迹象都在向我传递一个信息："我不再是小孩了。"而我却没有意识到这一点，还不断地在记忆中回想她儿时的模样。这样的行为，正是我在回想女儿的可爱无法重现的失落感。

人的一生，就是不停地经历各种大大小小的失去。有哪些方法适合走出这些失落呢？面对即将失去的东西，父母总是采取防御的态度，而非坦然面对。

他们试图在精神方面与孩子建立更紧密的联系，或者与渐行渐远的孩子制造冲突，例如指责孩子："你以前都不会这样，为什么现在变了一个人？"否定、批判孩子内在出现的各种变化，进而使孩子产生罪恶感。有些夫妻或家人会回想孩子儿时的模样，通过聊天走出内在的失落；也有父母抱着感恩的心，接受孩子逐渐长大成人的模样。

之所以出现"妈宝男""公主病"这类词汇，原因在于父母想继续抓住孩子。这是另一种依存关系。或许我们的一生，就是不断经历失去的过程。适当地回味失去的东西，可以让人生轻松一点儿、舒适一点儿。懂得失去，也是一种守护自我的方式。

利用"不给予"留住孩子——母亲的欲望

有很多女儿在准备结婚时，想尽可能不给父母造成负担。她们自始至终不肯接受父母想为女儿张罗一切的心意，只想依靠自己的力量。其实，这种态度隐藏着想把自己做好分内事的模样表现给父母看，借此让父母认同自己是好女儿。

她们想向父母证明："我付出了这么大的努力，靠自己的力量解决了问题。"此时，若女儿没能从父母，特别是从母亲身上得到她所期待的爱意，女儿心中又会出现另一种郁闷与委屈。而这样的情绪将转移到婆婆身上，成为加深婆媳矛盾的催化剂。

女儿像这样牺牲自己，处处让步，帮助母亲的行为，是基于想被认可的渴望与匮乏，然而女儿终究无法从母亲身上得到能令自己满足的认可。这是因为多数女性身上存在一种特性，会利用不完全满足对方的欲望，来让对方持续地关注自己。换句话说，母亲不会毫无保留地给予女儿想要的认可，以此将女儿留在自己身边。

人们常说："生儿子不如生女儿。"从尽孝的角度来看，女儿比起儿子，会更细心地照顾母亲。然而，为何得到母亲较多关爱与支持的儿子，却不如女儿呢？难道只是因为儿子是男性，或是因为儿子在结婚后，眼里只有妻子吗？这样的行为模式，其实是错综复杂的，我们不能单纯地用

"家人之间的爱"来理解。这句话的意思，并不是要大家抛弃、忽视家人之间的爱，而是要大家真正地放下对方，领悟各自的人生该怎么活，才能继续走下去。

彻底失去，才能重新填满

天主教的丧葬礼仪相当庄严。从教徒二十四小时轮流以唱颂的方式为亡者祷告，直到最后的弥撒与入殓，整个过程由高度系统化的仪式组成。这是一段生者送走亡者的哀悼过程。

天主教徒为亡者唱诵的祈祷文，是呼喊已经逝去的圣人之名，请求他们为亡者祈祷。"圣弥额尔，请为他祈祷吧！"这样的呼喊，一方面代表着将亡者托付给圣人，另一方面从托付的相反意义来看，也有象征从今以后亡者与生者分道扬镳的意思。这段哀悼与分离的过程，目的在于送亡者前往该去的地方，也使生者回到正常生活的轨道，不让亡者继续影响活着的人。

传统的丧礼过程，一般包括在灵堂接待吊唁亲友、入棺，以及进行送走亡者的出殡仪式。与其说这一切过程是为了亡者，不如说是为生者举办的象征性活动，以此给予生者充裕的时间与亡者告别。经由象征性的仪式，充分消化对死亡与失去的情绪后，它们将不再进入人们的内在成为牵绊。

　　不仅是真正的死亡，在日常生活中，我们也经历着各种不同程度的失去。逃避这些真实的丧失引发的心理失落感，往往会导致身体出现各种症状。人们常说："分手后的空缺，要等遇见下一个人才能填补。"我无法认同这句话，因为这表现了"我不愿意承认空虚、匮乏"的态度。和某人分手而感到痛苦，这是理所当然的现象。某个人曾经进入我们的内心，离开后留下了空缺，当冷风吹过，自然会感到寒冷、悲伤。与其逃避这样的痛苦，不如彻底经历，这样才能看见不同于以往的自己。

坦然地面对内心的失落与孤独

　　为什么不可以难过呢？我的孩子为什么不能离开我？哪怕手指受伤到伤口愈合这段时间，我们都得忍受伤口的痛；同样，**对于我们内心曾经历的悲伤，采取更坦然的态度面对，反而能最大化地降低失落的痛苦感受。**经历青春期后长大成人的子女，会带给父母失落与孤独，如果能在接纳这些情绪之前，先将焦点转向自己，正视自己内在浮现的空虚感，就将有机会让自己过得比想象中的更好。

在进行咨询时，我经常看见来访者努力表现出自己正在好转的模样。人类在本能上总想逃避不自在的感受，所以他们想尽快忘却、摆脱负面情绪的行为，也是理所当然的。不过，这时我总会这么说：

"不必装作若无其事的样子。不那么顺遂又如何？过得不好也没关系。"

接着，他们的反应往往是：

"是呀！我太努力想要看起来没事，反而看起来更不好了。唉，就算过得不好，也没有关系，对吧！"

像这样允许自己暂时处于失落的状态，也很不错。

母亲充满关爱的眼神，
让孩子感到被爱

不必勉强孩子打开紧锁的心扉，只要耐心等待，自然就会开启，
只是父母经常错过孩子敞开心扉的时机。

　　有位女士每次坐在咨询室的椅子上，每当对话进行到
一半时，总会忽然哽咽，泣不成声。当我问她为何哭泣时，
她回答："不知道，只要坐在这个位置，我就想哭。"她说来
咨询室的路上也没有特别的情绪，不知道为什么坐在这里
就想哭。

　　为什么呢？即使咨询师没有特别的反应或反馈，她依
然忍不住哭泣，原因究竟是什么？我想，原因或许在于
"注视"。在家庭或社会中不断被排挤的女性，她们有机会
去感受别人对自己的重视吗？我所做的，不过是全心全意

地看着她们，陪在她们身边。也许他人关注自己的目光，就能让人们内心产生某种无形的触动。

首先酿成爱情的是目光。

——意大利诗人　贾科莫·达·伦蒂尼

和妈妈相爱的感觉，只在见面时的前三秒

高中一年级的女儿经常这么说：

"和妈妈相爱的感觉，只在我们见面时的前三秒而已。"

结束一天的工作，回家看见女儿，我总像每天早上见面时，开心又激动，急忙跑上前去对她又亲又抱。但是，接着便开始唠叨。所以我尽最大的努力，不和孩子太过亲密，因为这样除了可以避免自己太累，又能好好地爱孩子。我非常喜欢站在若即若离的距离看着她。

女儿似乎也非常喜欢母亲悄悄注视自己的目光，因为她知道母亲的眼神里充满了关爱。通过母亲的目光，她知道自己是非常惹人怜爱的孩子。从远处看着孩子，她必然是最完美的。然而，因为漂亮、可爱而忍不住靠近，伸手

抚摸，轻捏孩子的脸庞，并与她开始对话后，母女俩的互动就结束了。

越是靠近女儿，越能看见女儿有数百种令自己不满的地方，从生活习惯到个性，方方面面。越是不满意女儿，就越需要每天努力回想女儿的优点和可爱的感觉。所以在进家门前，我总会想着孩子可爱的脸颊。这也是我每天不断重复，又不断遭受挫折的日常。

母亲充满关爱的注视，能使孩子确信自己是值得被爱的人，这是所有人类自信的根源。但是充满爱的眼神无法勉强，所有人都能通过亲身体验了解这个事实。**若在本应与孩子保持适当的心理与实际距离时，却与孩子过于亲近，那就绝对无法以爱的眼神注视孩子。保持距离，是维持关爱的一种技巧。**只要母亲愿意持续探索自己的不安与欲望，不断地审视和反思，绝对能创造出这样的距离。

当孩子感到被接纳，就有信心去解决问题

不只是对孩子的学习问题，我对孩子的私生活也一概不干涉。不是因为我自己有一套教育方法或信念，更不是

因为我是心理专家，而是因为我非常了解，越是干涉孩子，就越难以控制自己的情绪。我也很清楚地知道自己是个会把自己的欲望转嫁到孩子身上，并且告诉孩子"这一切都是为你好"的母亲，并容易因此失控。

如果能成为孩子眼中出色又稳重的母亲，当然是最好的，不过若是办不到，也不必刻意隐藏。不妨保持距离，在一旁关心孩子的学习与生活，偶尔在餐桌上和孩子聊聊日常的话题。但请忍住心中千万个不满，偶尔提起自己的经验，进而提醒孩子就好，大多时候只需要从旁观察。

不过，当孩子希望对话，或者希望母亲接纳自己的情绪时，请努力向孩子展现自己永远开放与等待的态度。最常见的表达方式，当然是"嗯，说出来也没关系。""说说看吧！说什么都可以……"**当孩子感受到母亲愿意接纳真实的自己，是唯一不给予任何评论或评判的人时，他们将会感到充足的安全感，带着十足的信心去解决一切问题，找到自己的道路。**只要母亲相信孩子，以坚定沉稳的态度面对，孩子将成长为善于处理伤痛的人，而不再是害怕受到伤害的人。

当然，也有一些孩子对母亲的目光感到局促不安。他人的注视虽然能让人正视自我，进而稳定情绪，但对于内在有着强烈不安的人而言，却可能带来无以名状的恐惧。尤其是当孩子进入青春期，逐渐长大，秘密也随之增加，他们自然而然会想逃离母亲的目光。

问题是，这样的分离感反倒是母亲最难以忍受的。因为母亲喜欢孩子将一切都事无巨细地告诉自己，并且安慰自己"没有秘密的孩子才是好孩子"。然而，"没有秘密"并非孩子想要的，而是母亲自己的期望。

当孩子开始关上心扉，沉默不语，代表孩子想要从被父母支配的状态中脱离出来。此时最重要的，是父母愿意接纳这个过程的态度。不必勉强孩子打开紧锁的心扉，只要耐心等待，自然就会开启，只是父母经常错过孩子敞开心扉的时机。

缺乏稳定关爱的父母，将转而向孩子寻求关爱

成长于母亲关注之外，也就是从小被排除在母亲关爱外的孩子（无论是母亲暗中或公然排挤），长大成人后，必然转向另一半索求关爱，甚至在结婚生子后，还会将此需求延伸到孩子身上。他们所说的话，表面上看似是为人父

母理所当然会讲的，实际上却是向孩子过度索求关爱。例如，他们会引导孩子说出"我永远不会离开爸爸、妈妈"，或是要求孩子"以后长大了，也要像现在一样爱爸爸、妈妈喔"。

父母们明知这种要求毫无意义，却无法自拔。**像这样原本该扮演给予关爱的角色，却反过来向孩子寻求关爱的父母，很可能就是在缺乏稳定关系的坏境下长大的。**他们不容易与他人建立亲密的关系，也不轻易向人敞开心扉或寻求关爱。

反之，他们将子女视为不会抛弃自己或冷落自己的绝对弱者。所以，在其他人面前成熟稳重的他们，一旦站在子女面前，原本退缩在潜意识里的匮乏小孩便立刻跳出来，毫无限度、明目张胆地向子女索求。孩子便因无法拒绝父母，而被紧紧束缚着。因为对孩子而言，父母是唯一能给予自己关爱的掌权者。

别将自己渴望的
东西强加给孩子

◇◇◇◇◇◇◇◇◇◇◇◇◇◇◇◇◇◇◇◇◇◇◇◇◇◇◇◇◇◇

爱是给出我们没有的东西。

　　女儿有时会抱怨因与学校朋友的问题无法解决，或是对班上男同学粗鲁的言行无可奈何而倍感挫折。此时，我一定会认真地与孩子对话。**我会聆听孩子感到不舒服的情绪直到深夜，和孩子一起探索她未能觉察的个人情绪，或是告诉她妈妈小时候遇到类似情况会如何处理，同理孩子目前遭遇的困境。**

　　如果孩子知道母亲也有过与自己类似的经历，便可获得安慰。像这样和孩子促膝长谈，孩子便能在不知不觉中冷静下来。这样的对话日后也不断上演，多亏如此，女儿似乎逐渐找回了自信，知道自己承受压力时，可以和妈妈聊天。然而对母亲而言，这个过程其实相当辛苦，有时甚至会忍不住想催促孩子，也会想责骂孩子，问孩子："同样的问题究竟要到什么时候才肯解决？"如果母亲和孩子对话中途，觉得厌倦或克制不了情绪时，不妨先停下来做些简单的家务，再继续对话。我女儿有时候也会这么说：

"妈妈，我现在心情好多了，如果明天又觉得很烦的话，该怎么办？"

此时，我一定会告诉她："没关系，妈妈永远会像现在一样听你倾诉，也会和你一起聊聊。"

说完这句话后，我总能看见孩子逐渐沉静、稳定的模样，一方面感到庆幸与感恩，另一方面内心深处也会突然羡慕女儿。虽然这样的想法很可笑，可我的心里难免会这么想：

"我的妈妈未曾这样安慰过我，我也想要妈妈像这样和我无话不谈。我都没有得到这样的对待，总是一个人感受着孤单……"

为孩子付出的同时，又羡慕着孩子，这种复杂的情绪究竟代表什么？如此羡慕的心情，正是内心儿时的自我所发出的情绪。一方面认为为人母亲理应承担起保护子女的责任，另一方面又隐隐感到羡慕，这并不是身为一名母亲对子女产生的情绪，而是对儿时的自我所产生的怜惜。

如果你也是这样，在满足孩子的需求后，请独自一人静静地为儿时的自我疗愈，为她渴望与等待那样的母亲却落空的心情疗愈。"原来是这样，所以我才会这么痛苦。"轻声对儿时的自己这么说，并给予安慰与鼓励。这也是自我觉醒的瞬间，认知到自己儿时对母亲的期待原来是这样。孩子有时会从母亲身上寻找安全感，然而最重要的，莫过于母亲努力和自己一起挺过目前困境的态度，这样的态度能使他们感受到爱。也就是说，只解决孩子的压力并不是最重要的。

认识儿时的自我匮乏

长大后的我们，经常将自己儿时渴望从母亲身上听到的话、得到的照顾，原原本本地倾注在子女身上。从这样的行为中，不难看出自己过去是因为得不到什么而痛苦，以及自己真正渴求的事物。通过这样的过程，我们才能获得疗愈。想给孩子自己儿时得不到且现在匮乏的东西，必须先清楚知道自己过去真正想要的是什么，以及曾经渴望得到什么。即使过去得不到而产生匮乏，只要具体明白自己所缺乏的，就能给予孩子。通过给予的过程，接受者与给予者（我）彼此都能得到疗愈。

常听到有些人说："我就是没人疼才会这样。""我就是受到太多伤害才会这样。"说自己没有得到疼爱，或者受到太多伤害的说法，只是为自己找借口罢了。他们宣称自己得不到与学不会的，没办法给予别人，甚至即使有能力给予，也不愿意付出。听起来，就像过去得不到满足而依旧处于愤怒状态的自我在大声呼喊着："我自己都得不到，你凭什么向我要？"

拉康说："爱是给出我们没有的东西。"所以那种"我自己都没有了，叫我拿什么给你？"的反应和抗拒，其实只是大人内心中的小孩发出的呼喊。那个儿时的自我因为没有被彻底疗愈，而永远停留在某个时间节点。

这个由匮乏、挫折、孤独与怨恨等情绪组成的情结，依然停留在十年前、二十年前、三十年前最初的模样，同时也在摧毁着现在的自己，阻碍我们未来的人生。儿时自我的呼喊之所以不断出现，又似乎没有停止的一天，原因就在于我们没有清楚地了解自己的需求。因为不了解，所以才无法走出来，只能不断对家人或旁人提出不合理的要求。问题是连自己都不清楚的要求，对方又怎么会知道呢？

爱，究竟是为了谁

有时父母会过度给予孩子关爱，借此证明自己的地位或补偿潜意识中的不安。**其实给予他人自己过去所渴望的东西，不仅无法达到治愈效果，反而更可能积累愤怒与怨恨。**这是因为他们不知道自己付出的行为究竟是为了谁，又是为了什么。当以这种方式牺牲与付出真心，却得不到同等的回报时，当事人将深感绝望，并因此愤怒不已。如果父母付出照顾的行为无法疗愈自己，反倒只是消耗自己时，不妨稍微停下脚步，问问自己，付出照顾的行为背后，存在着什么期待与要求？又是否具有某些潜意识中的意图？

如果付出是为了眼前的这个人，而非源自心理上的依赖，那么即使没有得到对方同等的回报，也不必因此感到难过。但是，如果这个付出是向对方索取自己渴望获得的，又或者这个照顾是想让对方离不开自己的另一种手段，那么付出心力的我们，必然会深陷于挫折、绝望与悲伤的循环中。更准确地说，这种付出是把对方当成镜子，借由为对方付出而反馈到自己身上。被我们当作镜子的对方，并不会为此感激，反而会产生微妙的疏离感，甚至到最后，对方只会替自己喊冤："我什么时候让你那么做了？不是你自愿的吗？"

不只是女性，
而是成为一个人

最自我的风格，就是最有女人味的。

　　与四十多岁的辰艾进行咨询期间，发生了一件有趣的事。在开始咨询一年多后的某天，辰艾发来信息，说自己现在满脑子觉得全世界的人都在骗她，这让她身心俱疲，需要立刻进行咨询。我把原本预定和辰艾见面的时间提前了几天，赶紧安排咨询。辰艾一坐到咨询室的椅子上，便立刻说起来。

　　原来上次咨询结束后，她正要从地下停车场开车出来，不幸发生了擦撞意外。由于后车门严重变形，保险公司和拖吊车也赶到现场处理，情况相当混乱。当天抵达现场的

拖吊车司机说："这个状况很严重。"保险公司业务员在看
过现场后，确定过失责任为八比二，收拾差不多便随即离
开。后来在与修车厂老板聊天时，辰艾说自己觉得有些委
屈："明明是对方来撞我的车，我还要负两成的过失责任，
太不公平了。"听完后，老板回答："大概是看你是女人才这
样吧！"

后来车子被送往更大的修车厂，在修理期间，男性肇
事者与车厂老板瞒着辰艾达成协议，降低修车预算，而这
件事她是后来才知道的。辰艾怀疑这些人想坑自己，心中
的不安越发强烈。她满脑子想着："第一个修车厂老板说因
为我是女人好欺负，他们应该也是这样看我的吧？"于是
在处理事故的过程中，她始终被"所有人都想骗我"的想
法笼罩。一是，肇事者只和修车厂联系，想尽办法要降低
修车预算；二是，不理解身为受害者的自己为何还得承担
两成的责任。辰艾越想越委屈，开始出现奇怪的想法，认
为世界上所有人都想欺骗自己，她觉察到这些，便赶紧联
系了我。

听完这一连串的事件后，我和辰艾先将重点放在她过
去的经历上，看看她在精神上或现实中是否曾受到压迫，
再回归到这件事上。我发现这次事件对她造成的实质性伤

害，几乎是没有的。我也发现她这次与过去不同，并没有傻傻地被别人牵着走，而是步步为营，想确保自己的权利与应当受到的保护；也发现了辰艾主观上的受害感与现实生活有着相当大的差距。原本我们正试着厘清实际状况与她所感受到的现实之间的关联，并慢慢向内在探索，然而就在她谈起一场梦境后，一切开始变得不同。

对女人而言，何谓女人

在梦中，一个类似木制珠宝盒的盒子中装满了蚯蚓，周围有污浊的积水。辰艾还想着，盒子两旁虽然只有污浊的浅水，不过只要有水，蚯蚓还是能活下来。不料随着盒子的缝隙逐渐裂开，一只、两只蚯蚓爬了出来，而爬出来的蚯蚓瞬间变大，辰艾从梦中惊醒。

听着这个梦境，我开始对辰艾的性生活感到好奇。我怀疑在这个梦境中，隐含着非常直接的"性"信息。年近五十的辰艾已停经将近一年，她说自己几乎没有性方面的需求，和丈夫也不再有性生活。她平常忙着紧盯就读高三的小女儿的学习状况和家中的大小事务，人际交往也非常贫乏。于是，我和辰艾聊起她觉得自己特别有女人味的地方，又问她是否曾发现过这件事。

女性本身的性欲，不只表现在对性的渴望上，而且女性抒发性欲的方式非常多元，但如果没有特别表现出需求，她们的性能量是否会逐渐减弱而消失呢？不会的。女性可以感受亲密的方式相当广泛，例如一句温柔的话、轻轻抚摸后背的手掌、温暖的目光等。不过，也同样容易因为各种原因而受挫。

在仔细分析完上次发生的擦撞意外，以及自己当下的状态后，辰艾看见了那个单方面感到受害而不知所措，只能停留在原地的脆弱少女。当时那个被保险业务员等人包围、恐惧到发抖的柔弱女子（也就是她自己），因修车厂老板一句"因为是女人"，而唤醒了沉睡在自己心中身为女人的感觉。换言之，是身为女人的事实刺激了辰艾的感觉，使她当晚做了珠宝盒内满是蚯蚓的梦。

当发现对话往非常有趣的方向发展后，我对辰艾说："所以您赶紧来找我，真是对了。这样我们才有机会再去看看那个让你重新感受到身为女人的现场啊！"

辰艾瞬间受到极大的冲击，接着转为极力赞同，她的情绪在冲击与喜悦之间反复。辰艾和坐在她面前的我，不禁笑出声。

"医生，看来我得再去地下停车场看看。我做梦也没想到，真的是如您所说的。怎么会有这种事呢！"

走出咨询室的辰艾，不久后发来信息："医生，我去地下停车场转了一圈，果真是修车厂老板和拖吊车司机提醒了我身为女人的事实。"

接着，另一则信息更让我惊讶。她说擦撞意外发生之后，犹如闪电般立刻赶来现场的年轻拖吊车司机，在她眼中就像是来拯救自己的守护者。司机像哄孩子一般，把她照护得无微不至，并且亲切地将自己送往目的地。在他的贴心举动中，辰艾深刻感受到自己曾经一度遗忘的、被人呵护的感受，以及在拯救自己的强壮男性面前，身为一名女性的事实。看着拖吊车司机细心地照顾遭遇事故的汽车和自己，辰艾在被送回家的路上，甚至一度想与拖吊车司机来场说走就走的旅行。

我和辰艾都同意，她内心的欲望是想要再次感受那短暂而强烈的悸动，所以身体的症状与精神上的不安，引导辰艾尽快重新回到意外发生的现场。

最自我的风格，就是最有女人味的

对女人而言，如何观察自身的女性特质，是非常重要的。比起生死问题，女性所面临的更重要的课题，也许就是"我是不是女人"。

许多受父权制及传统文化束缚的女性，她们观察自身女性特质最简单的方法，便是查看自己在男性目光中的容貌，以及在男性言语中的形象。所以，即使明知他们说的是花言巧语，也心甘情愿被要得团团转。而当男性投向自己的目光和话语逐渐减少时，她们能够证明自己是女人的方法也随之减少。

如果不想通过他人的目光和话语来肯定自己，或者当男性目光不复存在时，还有其他方法可以证明自己是女人吗？那时的我们还能以一位女性的身份，过着满意的生活吗？当然，我个人主张比起"女性"的身份，我们更应该去寻找作为"一个人"本该有的满足，以此来面对未来的生活。

电影《寄生虫》的导演奉俊昊在他的获奖感言中，因引用马丁·斯科塞斯说过的话而一时成为话题："最个人的想法，就是最有创意的。"

我想换个方式说："最自我的风格，就是最有女人味的。"

一位终其一生奉献职场的七十多岁的杰出女性，在深入探索自我后，发现自己内在的性欲已经被埋藏了很长一段时间。我也听说过一些女性来访者，好不容易看清自己真正的需求，却穷尽心力去寻找能满足自己需求的对象。在听到这些状况的当下，我的内心总会发出一声叹息，因为在我看来，能发现自己内在的需求已经相当不容易了，只是她们解决的方法仍然不够成熟。

年长女性自由享受性爱，并非奇怪或不好的事情，但是一想到她们盲目地寻找对象，我便无法完全赞同。"内在的性欲一定要通过性行为解放"或是"只要释放性欲，一切需求都能得到解决"，这样的想法太过浅显。**如果非得通过男性的目光才能证明自己的魅力，才算是女人，那么这种美丽终究无法长久。**

在决定论文主题的一场访谈中，有位美丽的女士曾对我说："人家不都说女人上了年纪就是罪嘛！"

对我而言，这句话是相当令人震惊的。我不禁叹息，为什么女性特质和母性，总是被限制在这种肉体和性的框架中？也有不少女性放弃通过男性目光来证明自己，转而向子女倾注大量的母爱，想借此证明自己。

除了这些方法，我们还有非常多的可以走出自己道路的选择。

唯有能自我满足，才能真正地爱人

弗洛伊德说："爱是由彼此的匮乏所创造，源于相信对方能满足自身匮乏的投射。"他也说，唯有能自我满足，才能真正地爱人。换言之，**不必依赖他人而能自给自足时，才有能力真正付出关爱。即使得不到任何反馈，也有足够的勇气相信自己，维持平静且从容的态度。**

我自己在接受精神分析的过程中，也特别留意这个部分。并不是因为期待会产生多么了不起的变化，或是想借此发掘正向的自己。

我开始相信自己的时刻，反倒是在我没有任何人可以依靠的时候。在人生最黑暗的时刻，在我以为一切的支撑都消失不见的时刻，在唯一可以信任的人只有自己的时刻，我才得以看见最真实的自我。那时的我，并不是充满自信且勇往直前的最佳状态，反倒是意志摇摆、深感恐惧与不安的模样。

　　所谓的"独立自主"，不是指实质上的独立或经济上的自立，而是指能够成为自我满足的人，从此不再将自己的快乐与自我满足的权利寄托于他人身上。唯有如此，才能不再害怕挫折，也才能爱上孤独。

成为母亲，
也要成为更好的自己

细看，才觉美丽；久品，才知可爱；
你也是如此。

依赖性强的人经常说的话，少不了这句："我的能力不够。"看似是一句看轻自己、妄自菲薄的话，而听到的人，也总是急于给出鼓励与安慰："怎么会这样想呢？""才不是那样的。""你要好好爱自己、照顾自己！"然而，我们实在有必要好好思考这些话。

我过去在阅读时，偶尔会读到令人惊艳的句子。在修道院生活时，我尚未思考清楚这些句子，直到后来学习了精神分析，并且尝试自我探索后，才逐渐理解其背后的含义，这一过程相当有趣。

在意大利哲学家兼思想家吉奥乔·阿甘本的《诗节：西方文化中的词与魅影》[1]一书中，可以看到中世纪修道士借用"正午来访的恶灵"一词，来形容修道院生活中充斥的无力感。"竟然说懒惰是恶灵。"从心理上来看，两者似乎有着深刻的关联，我也读得津津有味。"原来中世纪的教父们，是用这种方式来形容懒惰的。"书中接着写道：

"正午来访的恶灵（懒惰），将强迫症植入修道士的脑中，使其发挥诡异的想象。这个想象使修道士心怀丑恶之事，为无力感所笼罩，变得心神不宁，进而无法专注于学习。"于是，抱怨和不满日渐增加，修道士开始一边叹气，一边担心自己的灵魂无能为力。最后，演变成生活日复一日、脑中空空如也的情况；同时变得好高骛远，却对眼前可以立刻执行的事情感到厌烦。

这里所说的"懒惰和无力"，与现代心理学中的各种忧郁症状相似。忧郁虽然有被某种力量控制，因而无法摆脱无力状态的深层问题，却也有选择性采取负面手段来攻击自己的倾向。嘴上说着担心自己无能为力，实际上也可能是什么都不想做。

---

1 原书英译本为 *Stanzas : Word and Phantasm in Western Culture*。

在情绪上的懒惰与身体上的勤奋之间

正如阿甘本在书中所说:"懒惰源于希腊语的'无心'。"读到这段,我不禁拍了一下大腿,就是这样!人际相处时发生的许多问题,尤其是亲子之间,都与"无心"于细微的小事有关。我们必须先思考什么是"关心",以为已经付出足够关心的人,在经过思考后,或许不难发现自己也只是关注自己感兴趣的部分而已。

在这当中,也包含了投机取巧。努力是努力,但也可以用稍微懒惰的方法努力。依赖与投机取巧的另一面,有着极其相似之处。母亲若要全神贯注于孩子的要求与状态,是非常耗费精神的。**如果用更简单的方法来解释,可以说无心的母亲等于懒惰的母亲,不过这并不是指实际上的懒惰,而是情绪上的懒惰,是"想方设法地减少付出关注的态度"。**

这和身体上的勤奋不可混为一谈。奇怪的是,许多人正过着勤奋却又懒惰的生活。我们为了远离自己,或者为了逃避自我思考,反倒以极度的勤奋,也就是身体上的牺牲来自处。

韩国诗人罗泰柱有一首家喻户晓的诗——《草花》:

细看，才觉美丽；

久品，才知可爱；

你也是如此。

想要全神贯注地细看、久看对方，我们得先达到什么样的境界？

一向温柔的母亲真的爱我吗

有位女性来访者曾告诉我，她深爱也依恋着一向温柔善良且优柔寡断的母亲，却不明白自己明明得到了那样的爱，为何会沦落到必须接受精神分析的地步。

在咨询的过程中，她越是提起母亲，越发现母亲的善良其实是疏忽与无心，也因自己说出这样的事实而深受打击。虽然母亲平时温和谦让，总是选择容忍，实际上却从不过问子女的想法，也完全不想过问或试着了解子女正经历什么样的困难。

她说得越多，心理咨询师问的问题越具体，越是发现自己一直以来感受不到母亲丝毫的关心，并为此深受打击。接着，她突然抛出这样的问题："那么，妈妈究竟把心思放在什么地方？"

并不是勉强自己努力，就能真正关心子女的一举一动。我想把这种无微不至的关注，称为"爱"。在脑中只想到自己的时候，心思没有放在外界的时候，以及不被自己的忧虑、不安、想象所控制的时候，才会对外界毫不在意。

努力想在某人面前表现，或是意识到他人的目光而刻意付出关注，都只会让努力的方向转向莫名其妙的地方。对他人的关注，必须与为他人无私奉献有所区别。**因为当我们对某人付出的关心胜过自己时，那代表我们想借由对方来证明自己的欲望更强烈。**唯有不丧失对自己的爱，才能理智地决定付出的优先级，也才能无微不至地付出。换言之，当自己内心有个坚定不移的标准时，这一切才有可能发生。

专注于自己，从小事中发现乐趣

长年从事精神分析，我自然而然地养成了观察入微的习惯。有趣的是，即使是平时不怎么被重视的一些家庭琐事，或是料理的步骤，我也开始留意。这样的感觉，与被迫关注自己必须承担的角色颇为不同，因为这些小事是我主动关心的。

我喜欢在办公室泡拿铁，虽然整个过程非常烦琐——要先冲咖啡（虽然是咖啡机），打奶泡，再清洗咖啡机，擦干奶泡机，结束一连串复杂的程序后，才能获得一杯拿铁——但这些过程并不令我厌烦，反倒像是一种仪式让我感到快乐。

这种喜悦不仅能从事物上感受到，对于他人，尤其是身边亲近的人，也能从他们关注的目光中获得。一位曾经一起共事过的女同事，说自己原本忙于工作，觉得洗澡太麻烦，总是草草了事。某天，当发现将浴缸放满水，倒进精油后，自己竟可以舒适地享受沐浴，她不禁开怀大笑。

套用上述中世纪教父的说法，这可以说是从"懒惰迈向爱的过程"。专注于自己，便能留心身边事物与周遭情况。换言之，懒惰是无法爱人的状态，而无心则是缺乏爱的状态。所以，**懒惰和疏忽会让人变成无能为力的人，同时也是人们逃避实践与付诸行动的手段。**

懒惰不只是身体上的懒散，更是逃避自我的行为。如果连细微琐事都难以全神贯注，那么你很可能是被潜意识的某个地方、某个事物蒙蔽了。

遇见全新的我

我们无法回到负面记忆出现前的状态，
但是绝对能带着这些伤痛进行自我疗愈。

有时我们孤军奋斗，努力付出一切，在某一瞬间停下脚步，却发觉自己没有好好回顾往日的岁月。我在修道院十年的生活并不算短，然而离开修道院，转向学习精神分析后，却无暇回顾这十年的生活。当时只是埋首于精神分析理论和研究中，想通过这些框架来理解自己。

某天，我突然产生这样的想法："为什么我对以前的生活那么不在乎？"虽然没有必要过度美化过去，但是对于真实"经历过"的岁月，我为什么没有想到要在心里做出完整的诠释，再赋予它重要的意义呢？于是，我通过以下两种方法来回顾自己的过往。

追寻自我的两种方法

首先是找一位值得信赖的精神分析师，在咨询过程中试着通过语言来描述自己。以语言描述各种实际事件与个人内在的冲突与幻想，有助于重建以往岁月并赋予其象征意义。**虽然与朋友或家人对话也可以，但当我们确信某人愿意充分聆听我们的话，而不带任何评论、判断或情绪时，这场对话将会带给我们截然不同的体验。**而精神分析师正是这样的人。

找到合适的精神分析师并不容易。比起学历，我更看重他深入觉察我过往的意愿。在那些被称为心理咨询师、精神分析师的人当中，不乏急于将来访者的状况套入自己深信不疑的理论框架中并对此提出解释与分析之人，这种现象不分男女。当然，他们隐藏得非常巧妙，几乎难以觉察。此外，我还想建议，别寻求一味要求来访者依照社会期待矫正自我的治疗师，他们的做法或许能帮助来访者成为高度社会化的人，但可以肯定的是，来访者必定会逐渐远离自我，忘却自我满足的方法。比起符合社会形象，最重要的是找到真正适合自己的精神分析师。

几年前，我曾服务过的精神科诊所，位于首尔钟阁站附近。那附近曾经一度架起路障、进行挖掘遗迹的工程，我喜欢站在诊所的高楼层上，眺望工程现场。每当提笔写作时，只要呆呆地看着面貌逐渐清晰的遗迹，时间总会在不知不觉间流逝。

那时我心想："**原来人类如此执着于寻找过去，再加以修复、保存，只是为了理解现在。一个人的生命历程也应该如此吧！**不必受到过去的束缚，也不必怪罪过去或留恋过去，只要面对最真实的自我就好。在过往的岁月中，必定会有能用来理解自我的关键。"后来在阅读许多书籍的过程中，我也发现伟大的弗洛伊德早就用考古遗物来比喻精神分析了。

被泥土覆盖、水泥遮蔽的遗迹附近的工地上，排列着坚固的路障，在挖掘者小心翼翼的动作下，遗迹逐渐恢复原貌。这样的工程现场犹如咨询室：走进咨询室，仿佛进入只有咨询师与来访者存在的空间，进入一个安全且与外界隔绝的另一个世界，就像为了保护遗迹挖掘区而在附近架起坚固的路障一样。

遗迹因为有路障的保护，在安全且坚固的挖掘区里逐渐显露出原貌，不必受到外界美丑、好坏等价值判断的影响。它只是待在原来的位置上，而人们也只是研讨如何将它和现在的我们联系起来。咨询室也一样：在咨询室里，高度社会化的各种价值与判断被隔绝在外，没有任何介入的可能；我们在此小心翼翼地清除被过往岁月蒙上的灰尘与痕迹，以便能看见联系过去与现在的关键，它们正在闪闪发光。

第二个方法是书写自我。这可以独自进行，但需要更强的自制力与意志力，因为这必须规律、反复地进行，不能中断。专职写作的作家经常这么说：

"文章写得好不好完全不重要，重要的是每天诚实地写下自己内心的想法，哪怕只有一行也好。逐渐熟悉并找到自己的节奏后，你会发现自我意识的流动变得更加自由奔放，连精神分析师都难以追上，甚至写文章的速度比思考速度还快。"

我的老师曾经这样形容："写书是将符号丢向这个世界的行为。"符号正是我们自己。即便目的不在于出书，只要持续以言语或文字表达自我，就能不断留下符号，让自己发光。这样的行为就是"存在"。经过书写、修改、再书写的反复行为，这些文字又将成为另一个我，并与自己对话。无论是什么样的内容，写作有时也像是不断自我净化的过程。

倾听自己内在发出的声音

我在对许多来访者进行精神分析时，偶尔会遇到一些急于消除自己内在负面情绪的人，几乎到了强迫症的程度。看着他们不停地评论自己的想法与行为，并为自己定罪的模样，我不禁感到惋惜。先以结论来说，精神分析并不是要去除或纠正负面、有问题的地方，进而创造一个健全的人格。坦白来说，那是不可能的，也没有人能完全消除内在的负面因子与阴暗面。

任何一位精神分析师，都不是经过严格的自我修炼和净化，进而将所有负面因子或缺点消除的圣人。我们的目的在于引导来访者认识自己的软弱，进而接受软弱也是自己的一部分。**在此过程中，人们可以重新诠释脆弱，认同其为自己的一部分，并与之和谐地共度一生。**

在从事精神分析工作的人们当中，也有许多专家不断解构来访者的潜意识，试图消除潜意识中隐藏的负面因子，引导个案回到最完美的状态。然而，有待处理的问题无穷无尽，不可能全部清除。因为专家也不是完美的人，他们既不是完美的母亲，也不是最理想的人。

这种态度无异于带着刻板印象，去看待我们潜意识中黑暗的一面，就像许多人都认为母性理当美好的刻板印象一样。然而，我在拉康的精神分析案例中学到一点，那就是潜意识并非一成不变。换言之，坏人不是绝对的恶，好人也不是绝对的善。当然，极端的犯罪是例外。

也就是说，我们和谁处在什么样的情况下，或者建立什么样的关系，都会影响潜意识的状态。在某些人面前，我们可能是非常善良的好人，在某些情况下，却可能是相当恶劣的坏人，人类就是如此。并非因为受到他人的影响，就把原因归咎于他人身上，一切都在双方互动中发生，而当我们无法保护好自己时，问题便因此发生。**懂得保护自己，才能保护他人、保护子女。唯有如此，我们才能不被他人的需求与欲望所左右，并对任何事情都能做出最合适的选择。**

如果选择了善良，选择了发挥母性的美好，就不必刻意追随刻板印象中的母性和善良人性，而应该专注在自己身上，并和自己保持一定的距离。为了不被他人的需求与欲望所左右，我们应先关注自己内在的需求与欲望，评估它们正带来什么样的影响，并且随时保持觉察，倾听自己内在发出的声音，而不是外在的语言。

以为自己是好母亲的人，可能在无形中对孩子造成伤

害；责怪自己是坏母亲的人，也可能为了子女而完全放弃自己。我想说的是，母亲这种身份是有无限可能的。为人母亲，以及生而为人，都必须永无止境地思考。看着不停思考的母亲，孩子自然不会停止对个人生命的探索。

不是回到过去，而是携手前进

这句话听起来或许有些矛盾，但我个人不太喜欢人们经常使用的"治愈"一词，因为它给人的感觉像是回到事情发生前的状态一样。已经发生的事情是无法挽回的，已经造成的伤害也同样无法磨灭。

我们要做的，不是将身体和意识所记忆的创伤与匮乏彻底清除，而是重新理解、定义，并在这个过程中，减少它给我们带来的负面影响，进而从全新的角度观照自己的生命。 在这样的意义下，"疗愈"一词要比"治愈"更贴近真实情况，也对我们更有帮助。这也是为什么我们的人生即使带有某些创伤，也能够获得疗愈的原因。

前面提过，我们经常能听见"我本身有一些心理创伤"这类的说法，看似是在说"因为我经历过这样的事，所以某些事我办不到"。不过，我无法完全认同。因为他们并没有真正理解心理创伤，而是把没能完成某些事（尽管自己并不想做）当成是心理创伤导致的，以此作为逃避的借口。有能力说出这些话，就代表那并不是心理创伤，而只是一段不堪回首的记忆。也有很多人因为真正的心理创伤而毁了一生，甚至被创伤压垮，只能永远活在痛苦中，无法向前迈进。**无论是心理创伤，还是不堪回首的记忆，我们都无法彻底回到不曾发生过的状态，只能带着它们继续前进。**

享受平凡生活的力量

希望大家别把实现个人快乐
与满足的权利拱手让给别人。

许多心理学家都说，乏味无聊的生活容易使人们产生各种心理疾病。这里的"无聊"，不是因无事可做而感到无趣。"无聊"这个词，可能有各种含义，而每个人对无聊的感受，也包含不同的意义与经验。为了避免无聊而被创造出来的东西，便是"工作"。

我们身边的工作狂朋友，总是说自己"实在太累，连移动手指的力气都没有了"，也常抱怨"真想逃离这一切，什么事情都不想做"。但等到真正有了空闲，他们却又闲不下来。为了逃避时间空白带来的空虚，他们总是想方设法地欺骗自己、说服自己继续忙碌。当然，将忙碌视为美德的社会风气，也是导致人们无法真正面对无聊的重要原因。

有时候累到什么事都不想做，只想静静地待着，却总想吃些什么（尽管肚子并不饿）。这时，正好应验了达里安·利德引用精神分析学家奥托·费尼切尔所说的话："无聊建立在口腔的基础上。"口腔也是孩子生命中首先与母亲乳房接触的器官。孩子与母亲乳房的关系，不仅仅是为了生存而吮吸，孩子一方面借由乳房获得生存的保障，另一方面也享受吮吸的快感。就像大人将香烟或食物含在嘴中，这个触感能带给人们快乐的感觉。通过这个极为简单的媒介，人们就能逃离无聊与空虚带来的空白状态，证明自己依然活着。

无聊是掩盖虚无的帷幕。

——德国医生　赫伯特·普吕格

摆脱不安，才能活得充实

不安也是如此。即便现实生活中没有任何危险降临，许多女性仍自寻烦恼，制造想象中的不安。当一个不安解决后，又转向另一个不安，一再反复，不肯放下心中的焦虑。因为不安，该做的事情不断增加；也因为不安有着穿透人心的力量，所以让人有活得充实的感觉。

每当我这么说的时候，一定会有人反驳我："谁会刻意感受不安？"我的意思不是这些人喜欢不安，所以自寻烦恼，而是说他们利用不安，忙着将自己推向某个地方。换言之，他们最终的目的并不在于解决烦恼。

智敏的丈夫正在冲刺事业，每天都忙到凌晨才回到家，所以又得上班又得照顾孩子们的智敏，生活过得相当忙碌而又孤单。丈夫为了保证家人经济上的富裕，工作忙得昏天黑地，没有时间参与三个孩子的教育。智敏非常不愿意将孩子交给别人照顾，只好一个人辛苦，以至于她经常抱怨："钱再多，生活还是疲惫不堪，令人忧郁。"

我曾经这么问她：

"如果孩子被安置在非常安全的地方，给你自由的时间，你愿意吗？"

智敏陷入一阵沉思，随后想起一件事。她说之前丈夫下定决心给她一个假期，她可以有两天自由的时间，但她却坐立难安，不知道该做什么。那时什么感觉也没有，只是整天发呆，感觉整个人都消失不存在了。

人们因为无聊，所以出轨；因为无聊，所以刺激身体出现一些症状。接着，一方面抱怨为了解决、治疗这些问题，自己已精疲力尽；另一方面却又庆幸有这些事，才能逃离自己重要的情绪或必须面对的课题。

职场女性嘴上说着自己被工作占据时间，再也忍耐不下去，然而当工作结束后，又闲不下来。虽然以经济原因为借口不愿辞去工作，但那也许不是真正的理由。至于身为家庭主妇的女性，因为每分每秒都在担心孩子，所以她们不允许自己有任何的空白。对她们而言，空白不只是单纯的无聊，更有种接近崩溃的感觉。她们不厌其烦地审视自己的人生，而这个欲望使她们永远与无聊的生活绝缘。

始终对自己感到好奇，学会向自己提问

有时丈夫或妻子过度包容，另一半反而会因为无法忍受相安无事的和平，而挑起争端。仔细听完他们的做法，有些人是挑起无关紧要的是非，有些人则是挑起连自己都觉得无理取闹的争端，刻意引起争执。从丈夫的角度来说，他们会从毫不起眼的小事下手，故意做出让人误会的行为，引起妻子的怀疑，最终造成夫妻间激烈的争吵。换句话说，

他们正反复利用这种方式来追求刺激与快乐。

快乐，并非多么了不起的情绪。任何事情都会带来反应，如果把过程中产生的情绪全部抽离（无论是好是坏），我们将发现那不过是感官上的碰撞与互动。假设有对夫妻整天吵个不停，他们前往心理咨询中心，获得改善夫妻关系的建议后，尝试利用这些方式减少争吵，的确可以过上相安无事的生活。但是对他们而言，这真的是最好的办法吗？和平相处、相敬如宾的夫妻生活，不是为了满足人们的刻板印象吗？在刻板框架所建构出的关系中，那对夫妻真的能过上理想的婚姻生活吗？这是需要深思的问题。

在电影中，男女主角在克服种种困难后，通常以"从此两人过着幸福快乐的日子"结尾落幕。然而，落幕之后的生活，才是现实的生活。这对夫妻为改善彼此的关系而努力，尽管是值得称赞的，不过也可以说他们早已习惯以之前极端争吵的方式来探索彼此、维系关系。刺激与反应带来的快乐一旦消失，两人的关系甚至可能走向凋零。因为变得无聊，而无聊的状态是不被接受的，在任何关系或生命中都是如此。

当然，如果是过于暴力的相处模式，也可能走向无法挽回、两败俱伤的危险后果。当这种刺激与反应发展到极端时，令人无法招架的破坏力与痛苦也将随之发生。所以，我们必须再三反省自己是否因为无法忍受无聊，反而导致自己承受了某种痛苦与症状。贸然劝说他人和好，反而可能剥夺他们暗自享受的快乐。**我们需要的不是破坏自己或他人的行动方式，而是思考是否有其他的方法，能让自己发掘出真正的快乐。**

我们必须认识在无聊状态下的自己，究竟是什么样的人。然而，如果不想通过具有破坏力的方式发掘自己的快乐，并持续这样的快乐，该怎么做才好？我们又该如何在不压榨对方、不侵犯孩子人生的前提下，维系自己真正的快乐？**首要任务就是把目光放在自己的内心，带着好奇心去观察、感受内在的各种声音，也就是说，我们必须对自己感到好奇，学会向自己提问。**

很多母亲总说："我要多了解我的孩子，才知道怎么帮助孩子啊！"我希望各位母亲能换成另一种说法："我要多了解自己是什么样的人，渴望什么，自己的欲望和快乐来自哪里，才知道怎么帮助自己。"唯有知道自己真正需要的是什么，未来在对孩子提出要求时，才能设定好明确的界线，也才能适时放手。

建立自己的日常行程

我周末时也会安排咨询，固定周一休息。周一上午，我总会前往离家不远的同一家咖啡馆，坐在同一个位置上，一边喝咖啡，一边阅读、写作，这个时间是我每周最期待的。为了提升这段时间的幸福感，其他日子即使有空闲时间，我也会忍着不去咖啡馆。另外，虽然平日经常工作到深夜，但周日晚上我一定会早早入睡。因为这样一来，我才能在周一早上以绝佳的身体状态起床，并且在路上最空旷、阳光最明媚的时候，抵达咖啡馆。

每次一想到周一上午，我总是满心期待、心情愉悦。我一直努力建立这种看似微小却专属于个人的日常行程，并一点一滴地累积。尽管微不足道，却需要花费许多心力来维持。我也想借此摆脱他人的束缚，通过自己的力量感受生命的喜悦与快乐。

我身边的许多作家，也说过类似的话："为了在每天最美好的时刻坐下来专注写作，必须先调整好其他行程和身体状态。"换言之，要让某件事成为最快乐且乐此不疲的事情，需要像修行一样反复练习。

即使不是为了追求多么伟大的自主人生，至少这个小

小的改变，就能让自己不再依赖他人，不再从他人身上寻找自己生命的满足感。

对我而言，除了去咨询室和在家里，以及一周进行一次的教育分析外，生活中没有其他特别的活动。即使这样单纯的生活反复上演，我也不觉得无聊。应该说，我根本无暇顾及是否无聊，因为我品尝到了从自己身上发掘快乐的滋味。无论是谁，无论处于什么情况下，都能达到这个境界。

有些人说："像那样生活，几乎等同于修行吧？"这是有可能的。虽然只是一件小事，但想要维持下去，必须有自我克制的能力，所以称之为修行也无妨。但是对于人生中已做到这一步的人，尤其是读到这本书的你，一定会知道，跟着感觉行事所获得的快感不可能长久，也知道这个快感和舒适的状态，不会如你所愿那般随时出现。

希望大家别把实现个人快乐与满足的权利拱手让给别人。责怪生命或陷入忧郁，注定只是虚耗人生。与其漫无目标地寻找某个对象，以满足我们对生命的热爱与爱情，不如努力发掘日常中能自我满足的小小行程，相信这会更有意义。

参考文献

1. 大韩圣书公会圣经编辑组、大韩圣书公会,《中文和合本圣经》。

2. 迈克尔·艾根,《毒营养》(*Toxic Nourishment*), Routledge, 1999。

3. 凯瑟琳·马特林,《拉康与儿童精神分析》(*Raisins verts et dents agacées*), DENOEL, 1993。

4. 布鲁斯·芬克 (Bruce Fink),《拉康精神分析临床导论:理论与技术》(*A Clinical Introduction to Lacanian Psychoanalysis: Theory and Technique*)。

5. 肖恩·霍默 (Sean Homer),《导读拉康》(*Jacques Lacan*), 重庆大学出版社, 2014。

6. 茱莉亚·克里斯蒂娃,《起初是爱:论精神分析与信仰》(*Au commencement était l'amour: psychanalyse et foi*), Hachette, 1985。

7. 达里安·利德,《恋爱时我们的甜言蜜语》(*Promises Lovers Make When It Gets Late*), Gardners Books, 1998。

8. 弗洛伊德,《性学三论:爱情心理学》(*Three Essays on the Theory of Sexuality*), 志文, 1990。

9. 安娜·弗洛伊德著，约瑟夫·桑德勒（Joseph Sandler）编，《安娜·弗洛伊德哈佛讲座》（*The Harvard Lectures*），Routledge，1992。

10. 塞尔日·安德烈（Serge André），《女人要的是什么？》（*Que veut une femme?*），Contemporary French Fiction，1995。

11. 玛德琳·戴维斯（Madeleine Davis）、大卫·瓦尔布里奇（David Wallbridge）共著，《边界与空间》（*Boundary and Space*），Karnac Books，1981。

12. 布鲁诺·贝特尔海姆（Bruno Bettelheim），《足够好的父母》（*A Good Enough Parent: A Book on Child-Rearing*），Vintage，1988。

13. 茱莉亚·克里斯蒂娃，《精神病，弑母，以及创造性：梅兰妮·克莱因》（*Le génie féminin, Melanie Klein ou matricide comme*），Fayard，2000。

14. 朴又兰、金善浩共著，《小学生自尊心的力量》，Gilbut，2019。

15. 吉奥乔·阿甘本，《诗节：西方文化中的词与魅影》（*Stanzas: Word and Phantasm in Western Culture*），University of Minnesota Press，1993。